କବି ରବି ଶତପଥୀ ନିରନ୍ତର କବିତା ରଚନାରେ ବ୍ରତୀ। ତାଙ୍କ ସହ ମୋର ପ୍ରଥମ ସାକ୍ଷାତ କୋରାପୁଟ ନାଲ୍‌କୋରେ ଅନୁଷ୍ଠିତ ଏନ୍‌ବିଟି ଆୟୋଜିତ କବିତା ସଂପାନରେ। ସେ ଭଲ କବି ଓ ତାଙ୍କ କବିତା ମୁଁ ଆଗ୍ରହରେ ପଢ଼େ। ଏବେ ତାଙ୍କର ପ୍ରଥମ କବିତା ସଂକଳନ 'ଅବୁଝା ପକ୍ଷୀର ଗୀତ'ର ପ୍ରକାଶନ ଅବସରରେ ମୁଁ ହାର୍ଦ୍ଦିକ ଶୁଭେଚ୍ଛା ଜଣାଉଛି କବିଙ୍କୁ ଓ ତାଙ୍କ ପ୍ରକାଶକଙ୍କୁ।

ଡ. ପ୍ରତିଭା ଶତପଥୀ

କେନ୍ଦ୍ର ସାହିତ୍ୟ ଏକାଡେମୀ ଓ ଶାରଳା ପୁରସ୍କାର ପ୍ରାପ୍ତ କବି

ରବି ଶତପଥୀଙ୍କ ଗ୍ରାମ ଓଡ଼ିଶାର ନିତିଦିନିଆ ହସକାନ୍ଦ, ଅଭାବକଷଣର ଚିତ୍ର, ପାରିବାରିକ ଅନ୍ତରଙ୍ଗପଣ ଓ ଅଳିଅର୍ଦ୍ଦଳିରେ ସିକ୍ତ ସଂସାରକରଣା, କଇଁଫୁଲ, ଜହ୍ନିଫୁଲ, ପ୍ରଜାପତି, ମେଘ, ନଈ, ଗୁଡ଼ି, ସାଧବବୋହୂ ଓ ଘରଚଟିଆମାନଙ୍କୁ ନେଇ ଏକ ବର୍ଣ୍ଣିଳ ମଧୁର ନଷ୍ଟାଲଜିଆ ସର୍ବୋପରି ଚିହ୍ନା ଚଉହଦିର ରଙ୍ଗ ଓ ବାସ୍ନା ଆମକୁ ଆପ୍ଲୁତ କରେ। ସେଠି ରୋମାଣ୍ଟିକ୍ ବିଷାଦ ଓ ସୌନ୍ଦର୍ଯ୍ୟ, ଅନୁରାଗ ସାଙ୍ଗକୁ ରହସ୍ୟବାଦୀ ଭାବନା କୋଉଠି ବି ଫିଟି ପଡ଼ିଛି। ଆବେଗଧର୍ମୀ ଛନ୍ଦମୟତା ଓ ସାନସାନ ଚିତ୍ରଚେତନାରେ ସମୃଦ୍ଧ କବିତାସବୁ ବେଶ୍ ସରଳ ଓ ବୋଧଗମ୍ୟ- ତଥାକଥିତ ବାଦ, ଆଧୁନିକତା- ଉତ୍ତରଆଧୁନିକତା ଆଦି ହଟଚମଟ ଓ ଜଟିଳ ବୌଦ୍ଧିକତାରୁ ମୁକ୍ତ।

ଡ. ଶତ୍ରୁଘ୍ନ ପାଣ୍ଡବ

ଶାରଳା ପୁରସ୍କାର ପ୍ରାପ୍ତ କବି

କୋରାପୁଟର କବି ରବି ଶତପଥୀଙ୍କ କବିତାରେ ନିସର୍ଗ ପ୍ରକୃତି ଓ ସରଳ ମଣିଷ ହାତ ଧରାଧରି ହୋଇ ବାଟ ଚାଲନ୍ତି। ହୃଦୟର ନୀରବତାକୁ ଅନୁସରଣ କରି ପକ୍ଷୀର ଗୀତକୁ କାନ ଡେରନ୍ତି। ତାଙ୍କ ଅକୃତ୍ରିମ କବିସତ୍ତାର ସହଜ ସାବଲୀଳ ପ୍ରବାହ ପାଠକକୁ ଏକ ନିବିଡ଼ ଅନ୍ତର୍ଧ୍ୱନିର ଆବେଗରେ ମୋହାଚ୍ଛନ୍ନ କରିଦିଏ। ଏ ପୃଥିବୀ, ମଣିଷ ଓ ସମୟ ନିମନ୍ତେ ଆତ୍ମାର ମଙ୍ଗଳଗାନ ପରି ତାଙ୍କ 'ଅବୁଝା ପକ୍ଷୀର ଗୀତ' ପାଠକଙ୍କ ଅନ୍ତରରେ ଗୁଂଜରିତ ହୁଏ, ଉତ୍ତରଣର ଆବେଗରେ ଅନ୍ୟମନସ୍କ କରେ ବାରମ୍ବାର।

ଅପର୍ଣ୍ଣା ମହାନ୍ତି

ଓଡ଼ିଶା ସାହିତ୍ୟ ଏକାଡେମୀ ପୁରସ୍କାର ପ୍ରାପ୍ତ କବି

'ଅବୁଝା ପକ୍ଷୀର ଗୀତ' କବିତା ସଂକଳନଟି କବି ରବି ଶତପଥୀଙ୍କର ପ୍ରଥମ କବିତା ପୁସ୍ତକ ବୋଲି ମନେ ହୁଏନା। ଏଥିରେ କାହିଁ କେଉଁଠି ନାହିଁ ତ ଅମଣ ହାତର ଚିହ୍ନ! ବହିଟିର ବହୁ କବିତାରେ ପଥ ଆଗୁଳି ଠିଆ ହୋଇଛି ଆକସ୍ମିକତା, ଯାହା ହାତ ଧରି ଝିଙ୍କି ନେଇ ଯାଉଛି ଭିତରକୁ। ଅନୁଭବରେ ଅଛି ଏକ ଘରୋଇପଣ। ବାପା, ବୋଉଙ୍କ ଠାରୁ ଚିଲ, ଚଢ଼େଇ ଯାଏଁ କବିଙ୍କ ଦୃଷ୍ଟିରେ ଚରାଚରର ସ୍ମୃତିସ୍ନିଗ୍ଧ ରାଜୁତି। କଥକତା ଓ କବିତ୍ୱ ହାତ ଧରାଧରି ହୋଇ ଆମୂଳାନ୍ତ ଗତିଶୀଳ ପ୍ରାୟ କବିତାରେ। କବିତାଗୁଡ଼ିକର ଛବିଳ ନିରବତା ଈର୍ଷଣୀୟ।

ଡ. ହୃଷୀକେଶ ମଲ୍ଲିକ

ଶାରଳା ପୁରସ୍କାରପ୍ରାପ୍ତ କବି

୧୯୯୦ ପରବର୍ତ୍ତୀ ଓଡ଼ିଆ କବିତା ପରମ୍ପରାର ଅନ୍ୟତମ ସ୍ରଷ୍ଟା ରବି ଶତପଥୀଙ୍କ ସୃଜନ ସରହଦ ଅତି ବ୍ୟାପକ ନ ହେଲେ ବି ଅନେକ ସୃଷ୍ଟି ମାଧ୍ୟମରେ ସେ ପାଠକଙ୍କ ଦୃଷ୍ଟି ଆକର୍ଷଣ କରିପାରିଛନ୍ତି। କବିତାରେ ବିଷୟବସ୍ତୁର ପରିକଳ୍ପନା, ପରିବେଷଣ ଶୈଳୀ ତଥା ବକ୍ତବ୍ୟର ପରିଚ୍ଛନ୍ନତା ତାଙ୍କ ସୃଜନଶିଳ୍ପ ସପକ୍ଷରେ ଯୁକ୍ତି ବାଢ଼ିଥାନ୍ତି। ତାଙ୍କ କବିତାରେ ଭାଷାର ପ୍ରୟୋଗବିଧି ତାଙ୍କର କାବ୍ୟିକ ପରାକାଷ୍ଠା ବିଷୟରେ ସୂଚନା ଦେଇଥାନ୍ତି। ଯଦି ତାଙ୍କର ସୃଜନକ୍ରିୟା ଏହିଭଳି ଅବ୍ୟାହତ ରହେ ତେବେ ରବି ସାମ୍ପ୍ରତିକ କବିତାକୁ ପ୍ରତିନିଧିତ୍ୱ ଦେଇପାରିବେ, ଏ ବିଶ୍ୱାସ ମୋର ଅଛି।

ଡ. ଭଗବାନ ଜୟସିଂହ

ଓଡ଼ିଶା ସାହିତ୍ୟ ଏକାଡେମୀ ପୁରସ୍କାର ପ୍ରାପ୍ତ କବି

କବି ରବି ଶତପଥୀ ଆମ ସମୟର ଏକ ପରିଚିତ ସ୍ୱର। ଓଡ଼ିଶାର ବିଭିନ୍ନ ପତ୍ରପତ୍ରିକାରେ କବି ଶ୍ରୀ ଶତପଥୀଙ୍କର ଶହ ଶହ କବିତା ପ୍ରକାଶିତ ହୋଇ ତାଙ୍କ ପାଇଁ ଆଣି ଦେଇଛି ପାଠକୀୟ ସ୍ୱୀକୃତି। କବି ଶ୍ରୀ ଶତପଥୀଙ୍କର ଆଧୁନିକ କବିତା ଗ୍ରନ୍ଥ 'ଅବୁଝା ପକ୍ଷୀର ଗୀତ'ରେ ପ୍ରଥମ କବିତା 'ନୀରବତା'ଠାରୁ ଆରମ୍ଭ କରି ଶେଷ କବିତା 'ଅବୁଝା ପକ୍ଷୀର ଗୀତ' ପର୍ଯ୍ୟନ୍ତ ବିଭିନ୍ନ ସ୍ୱାଦ ଓ ଥିମ୍‌ର କବିତା ଏହି କବିତାଗ୍ରନ୍ଥକୁ ବିଚିତ୍ରବର୍ଣ୍ଣା କରିଛି। କବିତାରେ କବିଙ୍କର ମନ, ପ୍ରାଣ ଆତ୍ମା ସନ୍ନିହିତ ଥାଏ। ପୁନଶ୍ଚ କବିତାରେ ଥାଏ କବି ମନର ଚେତନା ଦୃଷ୍ଟିଭଙ୍ଗୀ ଓ ସୌନ୍ଦର୍ଯ୍ୟ ପ୍ରାଣତା। ପ୍ରତ୍ୟେକ କବି ନିଜର ଦୃଷ୍ଟିଭଙ୍ଗୀ ଦ୍ୱାରା ବାରି ହୋଇପଡ଼ନ୍ତି। ଠିକ୍ ସେହିପରି ରବି ଶତପଥୀଙ୍କ କବିତାଗୁଡ଼ିକ ବେଶ୍ ବାସ୍ତବଧର୍ମୀ, ଜୀବନଧର୍ମୀ ବିବିଧ ଅନୁଭୂତିର ବିଚିତ୍ର ବର୍ଣ୍ଣାଳୀ ଏବଂ ଠାଏ ଠାଏ ଦାର୍ଶନିକତାର ଭାବନାରେ ଋଦ୍ଧିମନ୍ତ ଓ ରୁଚିମନ୍ତ। ମିଥ୍ ଓ ଚିତ୍ରକଳ୍ପର ପ୍ରୟୋଗରେ ଅନେକ କବିତା ବେଶ୍ ସଫଳତା ଲାଭ କରିଛି। କବି ରବି ଶତପଥୀଙ୍କ କବିତାର ମୁଖ୍ୟ ଆବେଦନ ହେଉଛି ଜୀବନାନୁଭବ ଓ ଆଶାବାଦର ସ୍ୱର ଓ ସ୍ୱାକ୍ଷର। କବି ରବି ଶତପଥୀଙ୍କର କବିତା ଗ୍ରନ୍ଥ 'ଅବୁଝା ପକ୍ଷୀର ଗୀତ' ଓଡ଼ିଆ ସାହିତ୍ୟରେ ଏକ ନୂତନ ସଂଯୋଗ। କବିତା ଗ୍ରନ୍ଥର ନାମକରଣ ବେଶ୍ ପ୍ରତୀକଧର୍ମୀ। ଆତ୍ମପ୍ରକାଶ କରିବାକୁ ଯାଉଥିବା ଏହି କବିତାଗ୍ରନ୍ଥଟିର ପାଠକୀୟ ଶ୍ରଦ୍ଧା ଓ ଆଦୃତି କାମନା କରେ।

ଡ. ପ୍ରେମାନନ୍ଦ ମହାପାତ୍ର

ଆସୋସିଏଟ୍ ପ୍ରଫେସର ଓ ବିଭାଗ ମୁଖ୍ୟ ଓଡ଼ିଆ ବିଭାଗ

ବି.ଜେ.ବି. ସ୍ୱୟଂଶାସିତ ମହାବିଦ୍ୟାଳୟ, ଭୁବନେଶ୍ୱର

ଅବୁଝା ପକ୍ଷୀର ଗୀତ

ଅବୁଝା ପକ୍ଷୀର ଗୀତ

ରବି ଶତପଥୀ

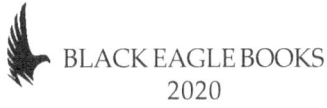

BLACK EAGLE BOOKS
2020

BLACK EAGLE BOOKS

USA address:
7464 Wisdom Lane
Dublin, OH 43016

India address:
E/312, Trident Galaxy, Kalinga Nagar,
Bhubaneswar-751003, Odisha, India

E-mail: info@blackeaglebooks.org
Website: www.blackeaglebooks.org

First International Edition Published by
BLACK EAGLE BOOKS, 2020

ABUJHA PAKSHIRA GEETA
by **Rabi Satapathy**

Copyright © **Rabi Satapathy**

All rights reserved. No part of this publication may be reproduced, stored in a retrieval system, or transmitted, in any form or by any means, electronic, mechanical, photocopying, recording or otherwise without the prior permission of the publisher.

Cover & Interior Design: Ezy's Publication

ISBN- 978-1-64560-108-1 (Paperback)

Printed in United States of America

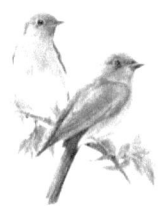

ମୋର ପ୍ରଥମ କବିତା ବହି 'ଅବୁଝା ପକ୍ଷୀର ଗୀତ'କୁ

ଆଦରର ପତ୍ନୀ **ଲୀନା** ଓ

ମୋ ଅଲିଅଳି ଝିଅ **ଶୀତିଲଗ୍ନା** ହାତରେ ।

ମନ କଥା

କବିତା ସୃଜନର ଦିଗ୍‌ବଳୟ ଏତେ ବ୍ୟାପକ ଯେ, କବିତାକୁ ନେଇ ମୁଁ କେବେ କିଛି କହିବାର ସାହସ କରିନଥିଲି, ଏବେ ବି କରୁନାହିଁ। କବିତା ମୋତେ ବହୁତ କିଛି ଦେଇଛି। ଲେଖିବାର ଅମାପ ଆନନ୍ଦ, କେତେ କେତେ ଅଭୁଲା ସଂପର୍କ ଓ ଅସରନ୍ତି ପାଠକୀୟ ଶ୍ରଦ୍ଧା ଓ ଭଲପାଇବା। ଅଥଚ ମୁଁ କବିତାକୁ କିଛି ଦେଇପାରିନାହିଁ ଏ ଯାଏଁ। ଭଲ କବିତାଟିଏ ଲେଖି ନପାରିବାର ଅବସୋସ ନେଇ ମୁଁ ଏବେ ବି କବିତା ପଛରେ ପଡ଼ିଛି। ଏ କଥା କିନ୍ତୁ ସତ ଯେ, ପିଲାଦିନୁ ନନାଙ୍କ ସାହିତ୍ୟ ଚର୍ଚ୍ଚା ଓ ଶ୍ଳୋକ ଆବୃତ୍ତି ମୋତେ କବିତା ମନସ୍କ କରି ରଖିଥିଲା ଅନେକ କାଳ। ପରେ ପରେ କବିତା ପଢ଼ିବାର ପ୍ରେମ, ଭୋଗି ଚାଲିଥିବା ଜୀବନ ଓ ଦୃଶ୍ୟମାନ ଜଗତର ଚିତ୍ରକୁ ନେଇ ମୋ କବିତାର ସୃଜନ ଯାତ୍ରା। ମୁଁ ଏବେ ସେଇ ବାଟରେ ଚାଲିଛି, ଯେଉଁ ବାଟରେ ହାତ ଧରି କବିତା ମୋତେ ବାଟ କଢ଼େଇ ନେଉଛି ଆଗକୁ ଆଗକୁ। ବାସ୍, ଏତିକିରେ ସରିଲା ମୋ' କବିତାର କଥା।

କବିତା ବହିଟିଏ କରନ୍ତୁ ବୋଲି ମୋର ବହୁ ପରିଚିତ ପ୍ରତିଷ୍ଠିତ ଦିଗ୍‌ଦର୍ଶକ ସମ୍ମାନସ୍ପଦ କବି ବନ୍ଧୁଗଣ, ସତୀର୍ଥବଂଧୁ ଓ ଶୁଭେଚ୍ଛୁ ମାନେ ମୋତେ ବାରମ୍ବାର ଅନୁରୋଧ କରି 'ଏ ଉଦାସପଣର ଅର୍ଥ କିଛି ନାହିଁ' ବୋଲି କହୁଥିଲେ, ମୁଁ ସେମାନଙ୍କୁ ମୋର ସମ୍ମାନ, ଶୁଭେଚ୍ଛା ଓ ଭଲପାଇବା ଜଣାଉଛି।

ଏତେ କବିତା ତ ଲେଖିଲଣି, ଗୋଟେ ବହିଟିଏ କର,

ଆଉ କେବେ କରିବ ? କହି ମୋ ପଛରେ ପଡ଼ିଥିବା ମୋର ପତ୍ନୀ ଲୀନା ଓ ମୋର ଅଲିଅଳି ଝିଅ ଶୀତିଲଗ୍ନାର ଆଗ୍ରହକୁ, ମୁଁ ଅନେକ ଶ୍ରଦ୍ଧା ଓ ଶ୍ରେୟ ଦେଉଛି।

ବିଶେଷ କଥାଟି ହେଲା, ବଡ଼ଭାଇ ବିଶିଷ୍ଟ ସାହିତ୍ୟିକ ଗୌରହରି ଦାସଙ୍କ ଆନ୍ତରିକତାରେ ସାନଭାଇ କ୍ଷେତ୍ରବାସୀ (ନାଏକ)ଙ୍କ ପ୍ରଶ୍ନମାଳାର ନିମନ୍ତ୍ରଣରେ ସଂବାଦ ରବିବାର ସାହିତ୍ୟ ପୃଷ୍ଠାରେ ପ୍ରକାଶିତ ମୋର 'ଅଳ୍ପ ଆଳାପ'କୁ ସୁଦୂର ଆମେରିକାରେ ରହୁଥିବା ସମ୍ମାନସ୍ପଦ ପ୍ରକାଶକ ଓ ସାହିତ୍ୟିକ ବଡ଼ଭାଇ ସତ୍ୟ ପଟ୍ଟନାୟକ ପଢ଼ିବା ପରେ, ମୋର କବିତା ବହିଟିଏ ପ୍ରକାଶ ପାଇନଥିବା ଜାଣି, ସେ ତାଙ୍କର ପ୍ରକାଶନ ସଂସ୍ଥା 'ବ୍ଲାକ୍ ଇଗଲ୍ ବୁକ୍ସ' ଆମେରିକା ତରଫରୁ ମୋତେ ପ୍ରଥମ କବିତା ବହି ପୁରସ୍କାର-୨୦୨୦ରେ ସମ୍ମାନିତ କରିବା, ମୋ ପାଇଁ ପରମ ସୌଭାଗ୍ୟର କଥା ନିଶ୍ଚୟ। ସେ ତାଙ୍କର ସହଯୋଗୀ ମୋର ବହୁ ପରିଚିତ ପ୍ରିୟ ବଂଧୁ ଅଶୋକ ପରିଡ଼ା, ଭୁବନେଶ୍ୱରଙ୍କ ଆନ୍ତରିକ ଆଗ୍ରହରେ ମୋର ପ୍ରଥମ କବିତା ବହି 'ଅବୁଝା ପକ୍ଷୀର ଗୀତ' ପ୍ରକାଶ କରିଥିବାରୁ ମୁଁ ପ୍ରକାଶକ ସଂସ୍ଥା, ବ୍ଲାକ୍ ଇଗଲ୍ ବୁକ୍ସ, ଆମେରିକା ଓ ସତ୍ୟ ଭାଇଙ୍କ ନିକଟରେ ମୋର ଗଭୀର ସମ୍ମାନ ଓ କୃତଜ୍ଞତା ଜଣାଉଛି।

ନିଜ ନିଜ ସଂପାଦନା କ୍ଷେତ୍ରରେ ଯଶସ୍ୱୀ, ଯେଉଁ ସଂପାଦକ ବଂଧୁଗଣ ମୋର ଏହି କବିତା ବହିରେ ପ୍ରକାଶିତ ଅନେକ କବିତାକୁ ନିଜ ନିଜ ପତ୍ରପତ୍ରିକାର ବିଶେଷ ସଂଖ୍ୟାରେ ସ୍ଥାନୀତ କରି ମୋତେ ଅନୁଗୃହୀତ କରିଛନ୍ତି, ମୁଁ ସେମାନଙ୍କ ନିକଟରେ ଋଣୀ।

'ଅବୁଝା ପକ୍ଷୀର ଗୀତ' କବିତା ବହିରେ ପ୍ରକାଶିତ କୌଣସି କବିତା ଯଦି କୌଣସି ସହୃଦୟ ପାଠକଙ୍କ ନିକଟରେ ପହଞ୍ଚି ପାରିବ, ତେବେ ତାହା ହିଁ ମୋ କବିତାମାନଙ୍କର ଭାଗ୍ୟ।

ରବି ଶତପଥୀ

ସୂଚୀପତ୍ର

ନୀରବତା	୧୫
ସେଇପକ୍ଷୀ	୧୭
ଥୁଣ୍ଟାଗଛ	୧୯
ଘର	୨୧
ଛାଇ	୨୩
ପରାଜୟ	୨୫
ଝିଅ	୨୭
ଶବ୍ଦ	୨୯
ଭିନ୍ନ ଏକ ବର୍ଷା	୩୧
ଉପପାଦ୍ୟ	୩୩
ଭୟ	୩୪
ମନେ ନାହିଁ	୩୬
ଚିଲ	୩୮
ନଈ, ନାଆ ଓ ନାଉରିଆ	୩୯
ଶୂନ୍ୟସ୍ଥାନ	୪୧
ଗୁଡ଼ି	୪୩
ସ୍ୱର୍ଗାରୋହଣ	୪୫
ଥରେ ଦେଖାହେଲେ	୪୭
ଏବେ କ'ଣ କରୁଥିବେ ସେମାନେ	୪୯
ଆଉଥରେ ଆସ	୫୧
ପକ୍ଷୀ: ନିମନ୍ତ୍ରଣ	୫୩
ବାପା	୫୫
ନିୟତି	୫୭
ବୋଉ	୫୯
ବାପା : ତୁମେ ଗଲାପରେ	୬୧

ଗୀତ	୬୩
ହାତ	୬୫
କିଛି ଦୃଶ୍ୟ	୬୭
ଶିଉଳି	୬୯
ଜୀବନ ଓ କବିତା	୭୧
ବାଟବଣା	୭୩
ବାପା, ଆଉ ଆସନ୍ତି ନାହିଁ	୭୫
ଅନୁଚ୍ଚାରିତ	୭୭
ଶଯ୍ୟାଯାତ୍ରା	୭୯
ଭଉଁରି	୮୧
ବାପା : ବର୍ଷା	୮୩
ଗୋଟେ ଛାଇ	୮୫
ପ୍ରିୟତମା	୮୭
ଜୀବନ : ଚିତ୍ର	୮୯
ବିସ୍ମରଣ	୯୧
ଘରଚଟିଆ	୯୩
ଅସମୟ	୯୫
ଭୋକ	୯୭
ତୁମେ ଯେବେ ଆସୁଥିଲ	୯୯
ବର୍ଷା ପରେ	୧୦୧
ଦୀପଟିଏ ଜାଳିଦିଅ	୧୦୩
ପ୍ରଜାପତି	୧୦୫
ପାଦ	୧୦୬
ଆଉ କିଛି ଦୁଃଖ	୧୦୮
ଯାତ୍ରା	୧୧୦
ଚିତ୍ର	୧୧୨
ଅଁଧାର	୧୧୪
ସମ୍ଭାବନା	୧୧୬
ଦିନେ ଦିନେ	୧୧୮
ସମୁଦ୍ର	୧୨୦
ଫେରି ଆସିଲି	୧୨୨
ପ୍ରତୀକ୍ଷା	୧୨୪
ଅବୁଝା ପକ୍ଷୀର ଗୀତ	୧୨୬

"In Our Woods, Sometimes a Rare Music
Every spring
I hear the thrush singing
in the glowing woods
he is only passing through.
His voice is deep,
then he lifts it until it seems
to fall from the sky.
I am thrilled.
I am grateful.

Then, by the end of morning,
he's gone, nothing but silence
out of the tree
where he rested for a night.
And this I find acceptable.
Not enough is a poor life.
But too much is, well, too much.
Imagine Verdi or Mahler
every day, all day.
It would exhaust anyone."
from A Thousand Mornings

Mary Oliver
American Poet

ନୀରବତା

ତୁମେ ଅସରାଏ ବର୍ଷା
ମୁଁ ଅଧା ତିଆରି
ଗୋଟେ କାଗଜଡଙ୍ଗା,
ତୁମେ ମଧୁର ମଳୟ
ମୁଁ ଝଡ଼ାପତ୍ର ପରି
ଉଡ଼ି ଯାଉଥିବା
ଗୋଟେ ଶୁଖିଲା ଦୀର୍ଘଶ୍ୱାସ।
ଏବେ କ'ଣ ମିଳିବ
ତୁମ ସେ ହୃଦୟ ନଈର
ଗଭୀରତାରୁ,
ମୁଁ ତ ବିରହ ନଈପଠାରେ
ଭାଙ୍ଗି ପଡ଼ିଥିବା
ଗୋଟେ ଅସହାୟ ହୁଲିଡଙ୍ଗା।
ଆଉ କ'ଣ ମିଳିବ
ତୁମ ମିଛ ମିଛ ଶୋଷରୁ,
ମୁଁ ହାତରୁ ଖସି ପଡ଼ି
ଭାଙ୍ଗି ଯାଇଥିବା
ଚାରିଦିନ ତଳର
ଗୋଟେ ମାଟି ମାଠିଆ।

ଯାଅ, ଯେତେ ଦୂର
ବେପରୁଆ ଉଡ଼ି ପାରିବ ଉଡ଼
ତୁମ ଆଶାର ଆକାଶରେ,
ମୋ ବିଶ୍ୱାସର ନଟେଇରୁ
ଛିଣ୍ଡି ଯାଇଥିବା
ତୁମେ ଗୋଟେ ରଙ୍ଗୀନ ଗୁଡ଼ି।
ଆଉ ମୋର କି ଦୁଃଖ
ମୁଁ ତ କେତେବେଳୁ
ତୁମ ସାଇତା ଅତରକାଚରୁ
ଅଜାଣତରେ ଉଡ଼ିଯାଇଥିବା
ଦଲକାଏ ମିଠା ମିଠା ବାସ୍ନା।।

ଭଲ ହେଲା ଜାଣିଗଲି
ଗୋଟେ ଠିକଣା ସମୟରେ
ତୁମେ ଭାଗ ଛିଡୁନଥିବା
ଗୋଟେ ଅଭୁଲା ଅଭାବ,
ଯେଉଁଠି ସଂପର୍କର
ମିଶାଣ ସବୁ
ମଶାଣି ପରି ନିଃସଙ୍ଗ,
ଆଉ ପୋଖରୀ ହିଡ଼ର
ଏକ୍ଲା ଖଜୁରୀ ଗଛ ପରି
ମୁଁ ନୀରବ ଖୁବ୍ ନୀରବ।

ସେଇପକ୍ଷୀ

କେଉଁଠି ନା କେଉଁଠି
ବସିଥିବ ସେ ପକ୍ଷୀ
ଜାଣିଶୁଣି କେଉଁ ଉଚ୍ଚଡାଳରେ,
ଗାଉ ଥିବ ସେ ପୁରୁଣାଗୀତ
ଯାହାକୁ ମୁଁ ବୁଝି ପାରିଲିନି ଏଯାଏଁ।

ବଡ଼ ବିଚିତ୍ର ସେ ପକ୍ଷୀ
ବିଚିତ୍ର ତା' ସ୍ୱର
କେବେ ଆ' ବୋଲି ଡାକିଦେଲେ
ଚୁପ୍ କରି ପଶିଯାଏ ପଞ୍ଜୁରୀ ଭିତରେ ତ,
ଯା' ବୋଲି କହିଦେଲେ
ଅଦୃଶ୍ୟ ହୁଏ ମହାଶୂନ୍ୟରେ।

ଦିନେ ଯେଉଁମାନେ
ପକ୍ଷୀକୁ ଖୋଜି ଖୋଜି
ପହଞ୍ଚିଥିଲେ ମୋ' ପାଖରେ
ଧାଡ଼ିଟିଏ ବି ସେମାନଙ୍କ ପାଟିରୁ
ବାହାରୁ ନଥିଲା କଥା,
ଯେଉଁମାନେ ଦେଖିଥିଲେ ବୋଲି
ସାକ୍ଷୀ ହୋଇ ଠିଆ ହୋଇଥିଲେ
ମୋ ପାଖରେ,
କେହି ବି ଜଣେ ବର୍ଣ୍ଣି ପାରୁନଥିଲେ ତା' ରୂପ।

ସବୁବେଳେ କେଉଁଠି ନା କେଉଁଠି
କାହାକୁ ନା କାହାକୁ ପାଗଳ କରି
ଉଡ଼ି ଯାଉଥିଲା ସେ ପକ୍ଷୀ
ଯିଏ କେବେ ଫୁଲର ବାସ୍ନାପରି ତ
ଅସରାଏ ବର୍ଷା ପରି
ରାତିର ନିଦ ପରି ଛୁଇଁ ହେଉଥିଲା
ଛାତିରୁ ଛାତିକୁ ।

ଦିନେ କେହି ଜଣେ ଅଣ୍ଟା ଭିଡ଼ିଥିଲା
ଧରିବ ବୋଲି ସେ ପକ୍ଷୀକୁ ଯେ
କେତେ ରାତି କେତେଦିନ
ସେ ହଜିଗଲା ତା' ପରିଚିତ ଜଙ୍ଗଲରେ ।

ଆଉ ଯେଉଁମାନେ ପଡ଼ିଥିଲେ
ସେ ପକ୍ଷୀର ପ୍ରେମରେ,
ସେମାନେ ଗାଉଥିଲେ ସେ ଗୀତ
ଯେଉଁ ଗୀତ ଗାଉଥିଲା ସେ ପକ୍ଷୀ
ଏକ ଅବୁଝା ସ୍ୱରରେ ।।

ଥୁଣ୍ଟାଗଛ

ଦାଣ୍ଡପିଣ୍ଡାରେ
କାଲୁକୁ ଆଉଜି
ଚୁପ୍ ହୋଇ ବସିଥାନ୍ତି ବାପା,
ଘର ମଝି ଅଗଣାରେ
ପତ୍ରଝଡ଼ା ଦେଉଥାଏ
ପିଜୁଳି ଗଛ।

ବାପାଙ୍କ ଅଜାଣତରେ
ବଢୁଥାଏ ବୟସ,
ପିଜୁଳି ଗଛର ଅଲକ୍ଷ୍ୟରେ
ବଦଳୁଥାଏ ଋତୁ।

ବାପାଙ୍କର ଝାପ୍‌ସା ଝାପ୍‌ସା ମନେ ପଡୁଥାଏ
ଗଲା ସାଲମାନଙ୍କରେ ଘଟିଥିବା
ବନ୍ୟା, ବାତ୍ୟା, ଘରପୋଡ଼ିଠାରୁ
ହଜେଇ ଦେଇଥିବା
ଆପଣା ଲୋକମାନଙ୍କ କଥା,
ଥୁଣ୍ଟା ପିଜୁଳି ଗଛ ଝୁରୁଥାଏ
ଏକଦା ପତ୍ର, ଫୁଲ ଫଳରେ
ଭାଙ୍ଗି ପଡୁଥିବା ନିଜସ୍ୱ ଦେହ।

ସତରେ, ଏଠି ସବୁ ବାପାମାନେ
ଗୋଟେ ଗୋଟେ ଥୁଣ୍ଟାଗଛ,
ନା, ସବୁ ଥୁଣ୍ଟା ଗଛମାନେ
ଗୋଟେ ଗୋଟେ ବାପା ?

ଏବେ ବାପାଙ୍କୁ କିଛି ପଚାରିଲେ
ସେ ଆଙ୍ଗୁଠି ଠାରି ଦିଅନ୍ତି
ପିଜୁଳି ଗଛ ଆଡ଼କୁ,
ଆଉ ପିଜୁଳି ଗଛକୁ ଚାହିଁଲେ
ବୁଢ଼ିଆଣୀ ଜାଲ ଘେରରେ
ଦିଶୁଥାଏ ବାପାଙ୍କ ଅବୟବ ।।

ଘର

ଯିବିଯିବି କହି
ଯେଉଁ ଘର ଭିତରୁ ମୁକୁଳିପାରୁନି
ସେ ହେଉଛି ସଂସାର,
ଅଥଚ ଗୋଟେ ପରେ ଗୋଟେ
ଦୁଆରବନ୍ଧ ଟପି
ଯାହାକୁ ଅତିକ୍ରମି ଆସୁଛି
ସେ ହେଉଛି ବୟସ।
ନିର୍ବୋଧ ହୋଇନଥିଲେ
ମୁଁ କ'ଣ ସବୁ ହାଟରେ, ବାଟରେ, ଘାଟରେ
କରିଥାନ୍ତି କି ସଉଦା,
ସବୁଠି କରିଥାନ୍ତି କି ଲାଭକ୍ଷତିର ହିସାବ !
ଏବେ ନ ପାରିଲା ବେଳକୁ
ସବୁକଥାରେ ଦୋଷଦେଲି ଭାଗ୍ୟକୁ, ଭଗବାନଙ୍କୁ।
ମାଟିକୁ ମଶାଣିକୁ।

କେଉଁଠି ଲେଖାଥାଏ ଭାଗ୍ୟ,
କେଉଁଠି ରହିଥାନ୍ତି ଭଗବାନ
ମୋତେ କି ଜଣା !
ଅଥଚ ମୁଁ ବାରମ୍ବାର ପର କଥାରେ ପଡ଼ି
କର ମାରୁଥାଏ କପାଳରେ।
ଏବେ ଏବେ ବୁଝିଲି,

ଶୂନ୍ୟତାରେ ଭରିଥାଏ ସବୁଘର।
କୁନିଛୁଆମାନଙ୍କରେ ଧୂଳିଖେଳ ପରି
ସରିଯାଏ ଜୀବନ-ସଉଦା,
ଘୋଡ଼ାପିଠିରେ ବସି ତା'ଇଛାରେ
ଚାଲିଯାଏ ସମୟ।
ସବୁ ହତଭାଗ୍ୟମାନଙ୍କ ହାତରେ
ଡଙ୍ଗାତିଆରି ସରିଲା ବେଳକୁ
ନଈରୁ ସରିଯାଇଥାଏ ପାଣି,
ସବୁକିଛି କହିଦେବି
ଭାବିଲାବେଳକୁ
ଫିଟୁନଥାଏ ପାଟି,
ଯିବିଯିବି ବୋଲି କହିଲାବେଳକୁ
ଖୋଲା ପଡ଼ିଥାଏ ଘର।।

ଛାଇ

କେବଳ ତୁମ ପାଖରେ
ରହୁ ବୋଲି
ଗାଁରେ ଛାଡ଼ି ଆସିଲି
ମୋ ପ୍ରିୟ ଛାଇକୁ।
ଯିଏ ଭଲମନ୍ଦରେ
ଠିଆ ହେବ ତୁମ ପାଖରେ,
ନୀରବରେ ଦେଖିବ
ତୁମ ହସଖୁସିର ସଂସାରକୁ।

ବିଶ୍ୱାସ କର
ବଡ଼ ବିଶ୍ୱସ୍ତ ଏ ଛାଇ
ଯିଏ ତମ ପାଇଁ
ଦେଇପାରେ ଜୀବନ,
ତମେ ଚାହିଁଲେ
ତୁମକୁ ସୁରକ୍ଷା ଦେଇପାରେ
ସାରାରାତି ସାରାଦିନ।

କେମିତି ନ କହିବି କୁହ
ଏଇ ଛାଇ ମୋର
ବେଶୀ ଡରେ ଅଂଧାରକୁ
ଅଥଚ ବେଶୀ ଭଲପାଏ
ରାତିକୁ।

ଏତିକି କରିବ
ସେ ଟିକେ ଡରିଗଲେ
ତମେ ଖାଲି ଚୁପ୍‌ କରି
ଠିଆ ହୋଇଯିବ ତା' ପାଖରେ।

ତମ ପାଖରେ ତାକୁ
ଛାଡ଼ି ଆସିଲା ଦିନୁ
ମୋତେ ଭାରି
ଏକ୍‌ଲା ଲାଗୁଛି ସତ
ହେଲେ ଖାଲି ଭାବୁଛି,
କେମିତି ଛାଡ଼ି ଆସିଲି
ଏକୁଟିଆ ମୁଁ ତାକୁ
ଆଉ ସେ କେମିତି
ଆଖିବୁଜି ରାଜି ହୋଇଗଲା
ରହିବ ବୋଲି ତୁମ ସାଥିରେ ॥

ପରାଜୟ

ନିଆଁ ବୋଲି
ଜାଣିବା ପରେ ବି
କାହିଁକି ତାକୁ ବାରମ୍ବାର
ଛୁଇଁବାକୁ ଇଚ୍ଛା ହୁଏରେ, ଚକ୍ରଧର !
ଏତେ ଯନ୍ତ୍ରଣା
ସହିବା ପରେ ବି
ଜାଣିଶୁଣି କାହିଁକି ଚାଲିବାକୁ ହୁଏ
ସେ ଚକ୍‌ଚକ୍‌ ଖଣ୍ଡାଧାରରେ ।
ପକ୍ଷୀ ପରି ଉଡ଼ିବା ଅସମ୍ଭବ
ଜାଣିବା ପରେ ବି
ମୁଁ କାହିଁକି ପିନ୍ଧେ ସବୁଦିନ
ଗୋଟେ ପରେ ଗୋଟେ
ମହମର ଡେଣା
ଆଉ ବାରମ୍ବାର ପଡ଼ି
ଲହୁଲୁହାଣ ହୁଏ
ପ୍ରିୟ ମାଟି ଉପରେ ।

ଜୀବନ-ଜ୍ୟାମିତିର
କେଉଁ ଉପପାଦ୍ୟ ସବୁକୁ
ମନେ ରଖିପାରିଲିନି ବୋଲି
ବୟସର ସବୁ କୋଣଅନୁକୋଣ

ଏବେ ଭୁଲ୍ ହୋଇଗଲାରେ, ଚକ୍ରଧର !
ପାହାଡ଼ ଚଢ଼ିବାର
କେଉଁ କୌଶଳ ଟିକକ
ବୁଝିପାରିଲିନି ବୋଲି
କେବେ ପିନ୍ଧି ପାରିଲିନି ଗୋଟେ
ବିଜୟର ମୁକୁଟ ।

ସବୁଥାଇ ସେ ଅଂଧାର ରାତିରେ
ଦୀପଟିଏ ଜାଳିପାରିଲିନି ବୋଲି
କିଏ ମୋ କପାଳରେ ଆଙ୍କିଦେଲା
ଏତେ ସୁନ୍ଦର ପରାଜୟର ଟୀକାରେ, ଚକ୍ରଧର !
କାହା ନିର୍ଦ୍ଦେଶକୁ
କାନଦେଲି ନାହିଁ ବୋଲି
ଏବେ ପହଁରିଚାଲିଛି
ଗୋଟେ ପରେ ଗୋଟେ
ଲୁହର ବଢ଼ିଲା ନଈ ।।

ଝିଅ

ପହଁରା ଶିଖିଥିଲୁ ବୋଲି ସିନା ଝିଅ
ପୋଖରୀ ଭିତରେ ପଶି
ତୋଳି ଆଣିଲୁ କଇଁଫୁଲ,
ଆଲୁଅକୁ ଚିହ୍ନି
ଖୋଜୁଥିଲୁ ବୋଲି ସିନା
ପାର ହୋଇ ଆସିଲୁ
କେତେ କେତେ ଅଂଧାର।

ତୋତେ କିଏ ମାଟି ମାଠିଆ କି
କାଚର ଖେଳଣା କହିଲେ
ତୋ'ର କ'ଣ ଯାଏ ଆସେ ଝିଅ,
ତୁ ଜାଣିଛୁ
ତୁ ଗୋଟେ ଅସରନ୍ତି
ଛାଇ ବୋଲି ସିନା,
କିଏ ଜଣେ ପଥିକ
ବୁଲି ବୁଲି ଆସି
ଥକ୍କା ମାରୁଛି ତୋ' ପାଖରେ।
ତୁ ନିର୍ମଳ ଝରଟିଏ ବୋଲି ସିନା,
କିଏ ଜଣେ ତୃଷାର୍ତ୍ତ
ଆସି ଆଂଜୁଳା ପାତୁଛି
ତା' ଥରିଲା ଓଠରେ।

ମନେ ରଖିଥିବୁ ଝିଅ
ପାହାଚ ତଳର ଘାସ ନହୋଇ
ପାରିବୁତ କାଉଁରିଆ କାଠି ହେବୁ,
ଭୟ ଓ ଭଲ ପାଇବାର
କଳାମେଘ ଖଣ୍ଡେ ତୁ,
ଅସରାଏ ବର୍ଷା ନହେଲୁ ନାହିଁ
ଚେନାଏ ବିଜୁଳି ଆଲୁଅ ହେବୁ।

ତତେ କିଏ ସର୍ବଂସହା କହିଲେ
ତୁ ଖୁସିରେ ଫାଟି ପଡ଼ିବୁନି ଝିଅ,
ସତୀ କି ସାବିତ୍ରୀ କହିଲେ
ଭାସିଯିବୁନି କା' କଥାରେ।

ବରଂ ମନେ ରଖିଥିବୁ ଝିଅ
ବେଳ ପଡ଼ିଲେ
ଦୁନିଆକୁ ଦେଖେଇ ଦେବୁ,
ତୋ'ର ଗୋଟେ ହାତମୁଠାରେ
କେମିତି ମୁଠା ମୁଠା ଫୁଲ,
ଆଉ ଆର ହାତମୁଠାରେ
ତୁ କେମିତି ସାଇତି ରଖିଛୁ
ମୁଠାଭର୍ତ୍ତି ନିଆଁ ଝୁଲ॥

ଶଙ୍ଖ

କହିଲି
ସଖୀରେ !
ଦେହ ସିନା ଓଦା ସର ସର
ମାଠିଏ ପାଣିରେ,
ମନଟା ଭିଜିବା ଲାଗି
କେତେ ଯେ ଶ୍ରାବଣ ଲୋଡ଼ା
କିଏ ବୁଝିପାରେ ?

ପୁଣି କହିଲି,
ତୁ ସିନା ଜାଣିଛୁ ସଖୀ !
ନିଆଁ ଖାଲି ଜଳେ ନାହିଁ
ସବୁକିଛି ଜାଳିଦିଏ
ଆପଣା ଢଙ୍ଗରେ,
ବିରହର ନିଆଁ ଥରେ ଲାଗିଗଲେ
ଅହରହ ଜଳୁଥାଏ
କେମିତି ହୃଦୟ,
ପାଉଁଶ ପାଲଟିବା ଯାଏ ।

ଆଉ ଦିନେ କହିଲି ସଖୀରେ !
ତୁ ସିନା ଦେଖୁଛୁ,
ଆକାଶର ପକ୍ଷୀ ଦିନେ

ବନ୍ଦୀ ହୁଏ ପଞ୍ଜୁରୀ ଭିତରେ,
ମନ ପକ୍ଷୀ ଉଡ଼ିଗଲେ
କେଉଁଠି ସେ ବସା ବାନ୍ଧେ
କେଉଁଠାରେ ଉଡ଼େ ?

ଶେଷରେ କହିଲି, ସଖୀରେ !
ଥରେ ନୁହେଁ ବହୁ ଥର
ଫୁଲ ପରେ ବସିଥିବା ପ୍ରଜାପତି
ଧରାଦିଏ ଦୁଇ ଆଙ୍ଗୁଠିରେ,
କବିତାଟେ ଖୋଜୁଖୋଜୁ
ଅଭିମାନୀ ଶବ୍ଦ ଯେବେ
ଫେରିଯାଏ ସୁନା ପାଲିଙ୍କିରେ ।।

ଭିନ୍ନ ଏକ ବର୍ଷା

ଏବେ 'କେମିତି ଅଛ' ବୋଲି
ପଦେ ପଚାରି ଦେଲୁନିରେ ଚକ୍ରଧର !
ବରଂ କିଛି ଦିନ ହେଲା ପେଡ଼ି ଭିତରେ ଶୋଇଥିବା
ଗୋଟେ ଭୋକିଲା ନାଗସାପକୁ
ଜାଣିଶୁଣି ହାତମାରି ଉଠେଇ ଦେଲୁ ।

କେମିତି ବର୍ଣ୍ଣିବିରେ ଚକ୍ରଧର !
ଏବେ ନାହିଁ ନଥିବା ବର୍ଷା
ଘର ଭିତରେ ବାହାରେ
ଜଙ୍ଗଲରେ, ପାହାଡ଼ ଛାତିରେ
ସାରା ଦେହରେ, ଦେହ ଭିତରେ ।
ଏବେ ଦୁଆରବନ୍ଧ ଟପି
ଘର ଭିତରେ ଲହଡ଼ି ଭାଙ୍ଗୁଚି ପାଣି,
ଝଡ଼ ତୋଫାନରେ ଶିମିଳି ତୁଳା ପରି
ଉଡୁଚି ଘର ଉପରର ଚାଳ ।

ସବୁ ପ୍ରାରବ୍ଧରେ ଚକ୍ରଧର !
ନହେଲେ, ବାଡ଼ି ଘରେ ମଳା ବାନ୍ଧି ପଡ଼ିଥିବା
କୁଅଦଉଡ଼ି କ'ଣ ସାପ ହୋଇ ଗୋଡ଼ାନ୍ତା ପଛରେ
ଘର ଢିଙ୍କି କ'ଣ ପାଲଟି ଯାଆନ୍ତା କୁମ୍ଭୀର,
ନା, ଦାଣ୍ଡପଟର ଥୁଣ୍ଟା ପିଜୁଳି ଗଛ
ଖତେଇ ହୁଅନ୍ତା ମୋତେ ।

କିଏ ରାଜଭୋଗ ଖୋଜୁଥିଲାରେ ଚକ୍ରଧର !
କିଏ ଲୋଡୁଥିଲା ଗଜଦନ୍ତ ପଲଙ୍କ
କିଏ କାହାକୁ ମାଗିଥିଲା ସିଂହାସନ, ରାଜମୁକୁଟ
ଅଖଣ୍ଡ ରାଜ୍ୟ କି ଐଶ୍ୱର୍ଯ୍ୟ।
ଏବେ ଯେତେ ବର୍ଷୁଛି ବର୍ଷୁ ଚକ୍ରଧର !
ଘର ବୁଡ଼ି ଗଲାପରେ
କ'ଣ ଥାଏ ମାଟି କାନ୍ଥରେ,
ପକ୍ଷୀ ଉଡ଼ିଗଲା ପରେ
କ'ଣ ଥାଏ ତା' ସୁନ୍ଦର ବସାରେ ।।

ଉପପାଦ୍ୟ

କେଉଁ ଶୁଖିଯାଉଥିବା ନଈର
ମୁଁ ଶେଷ ଧାରଟିଏ ଚକ୍ରଧର !
କେଉଁ ଥୁଣ୍ଟା ଗଛରୁ
ଝଡ଼ି ପଡୁଥିବା ଶେଷ ପତ୍ର ମୁଁ ।

କେବେ ନଈରେ ତ,
କେବେ ନିଆଁରେ
ମୋର ଖେଳରେ ଚକ୍ରଧର !
କେବେ ଫୁଲ ତ,
କେବେ ଫଗୁଣରେ
ଝୁଲୁଥାଏ ମୋର ଭାଗ୍ୟ ।

ଯେତେ ସବୁ ଶ୍ରାବଣକୁ
ପିଠି କରି ଆସିଲିରେ ଚକ୍ରଧର !
ସେତେ ବସନ୍ତକୁ ବି,
ଯା' ବୋଲି କହି
ଫେରେଇ ଦେଲି
ଅଧା ବାଟରୁ ।

ଏବେ ଧୂ ଧୂ ଚଇତ୍ରରେ
ଜୀବନ ଜ୍ୟାମିତିର ଉପପାଦ୍ୟ
ଜାଣିଶୁଣି ଭୁଲି ଯାଉଛିରେ ଚକ୍ରଧର !
ଏବେ ଏ ପଉଷ ସଂଜରେ ଶିଖୁଛି
ମୃତ୍ୟୁର ଚକ୍ରବ୍ୟୂହ ଭିତରକୁ
ଧିରେ ଧିରେ ପଶିଯିବାର
ସୁନ୍ଦର କୌଶଳ ।।

ଭୟ

ସବୁଦିନ ପରି
ଆଜି ବି ଜାମୁକୋଳି ଗଛମୂଳେ
ଆଁ କରି ଶୋଇଛି
ସେଇ ଭୋକିଲା କୁମ୍ଭୀର,
ବାକି ସୁଖଟିକକ
ମାଗିନେବ ବୋଲି
କେତେବେଳୁ ଆସି
ଦାଣ୍ଡପିଣ୍ଡାରେ ବସିଛି
ପ୍ରିୟ ପରିଚିତ ଦୁଃଖ।

ମୁହଁ ସଂଜ ଦେଖି
ସଂପର୍କର ଝରକା ଦେଇ
ପଶିଆସୁଛି ଯେଉଁ
ସନ୍ଦେହର ଦଲକାଏ ଅମାନିଆ ପବନ,
ସିଏ ଲିଭେଇ ଦେଇଯାଉଛି
ମଝିଘରେ ମିଂଜି ମିଂଜି ଜଳୁଥିବା
ବିଶ୍ୱାସର ମାଟିଦୀପ।
ଆଉ ରାତିର ହାତଧରି
ପଶି ଆସୁଛି ଯେଉଁ
ଭୟଙ୍କର ଅଂଧାର
ତା'ଭିତରେ ସ୍ୱପ୍ନପରି ଲୁଚିଯାଉଛି
ଯେତେସବୁ ପରିଚିତ ମୁହଁ।

ଏବେ କାହାକୁ ପଚାରିବି ?
ଏଇ ଦୁଇପାଦ
ଯେଉଁ ଆଡ଼କୁ ଯାଉଛି
ସେଇଟା ବାଟ କି ଅବାଟ,
ଅଂଧାରରେ ଦପ୍‌ଦପ୍ ହୋଇ
ଜଳୁଛି ଏ ଯେଉଁ ଦୁଇ ଆଖି
ସେଠିଅଛି ଆଲୁଅ ନା ଅଂଧାର।
ଦୁଃଖ ଏତିକି ଯେ,
ଏବେ ଶୁଭୁନାହିଁ ମଣିଷର ସ୍ୱର
କି ଦିଶୁନାହାଁନ୍ତି ଈଶ୍ୱର,
ସରୁ ନାହିଁ ରାସ୍ତା,
କି ସରୁନାହିଁ ରାତି।
ତଥାପି ଚାଲିବାକୁ ହେବ
ଖାଲି ଏତିକି ଭୟ ଯେ,
ଜାମୁକୋଳି ଗଛ ମୂଳେ
ପହଞ୍ଚିଲା ବେଳକୁ
କାଳେ ପାଦ ପଡ଼ିଯିବନି ତ !
ଭୋକିଲା କୁମ୍ଭୀର ଉପରେ॥

ମନେ ନାହିଁ

କେଉଁ ଖଂଜରେ ଲୁଚିଲୁଚି
କେଉଁ ସବୁ ବଗିଚାରୁ
ଧରୁଥିଲି ପ୍ରଜାପତି,
କେଉଁ ଋତୁର କଳାହାଣ୍ଡିଆ
ମେଘକୁ ଦେଖି
ତରତରରେ ତିଆରୁ ଥିଲି କାଗଜଡଙ୍ଗା
ମୋର ମନେନାହିଁ।

ମନେ ନାହିଁ
କେଉଁ ଭଂଗା ମାଟି ସିଲଟରେ
ମୁଖସ୍ଥ କରିବା ପାଇଁ
ଗୋଟେ ପରେ ଗୋଟେ ମୁଁ
ଲେଖୁଥିଲି ପଣକିଆ,
ଯୁକ୍ତାକ୍ଷର ଶିଖିବା ପାଇଁ
କେଉଁ ବସ୍ତାନି ଭିତରେ ମଲାଟ ପକାଇ
ମୁଁ ସାଇତି ଥିଲି,
ବାପା କିଣି ଦେଇଥିବା ବର୍ଣ୍ଣବୋଧ
ମୋର ମନେ ନାହିଁ।

ମନେ ନାହିଁ,
କେଉଁ ଈଶ୍ୱରଙ୍କୁ ପାଇବା ପାଇଁ
ସବୁଦିନ ଧାଡ଼ିରେ ଠିଆହୋଇ
ମୁଁ ଉଚ୍ଚସ୍ୱରରେ ଉଚ୍ଚାରଣ କରୁଥିଲି ପ୍ରାର୍ଥନା
ଜୀବନର କେଉଁ ଲକ୍ଷ୍ୟକୁ
ସାକାର କରିବା ପାଇଁ
ମୁଁ ଦେଖୁଥିଲି ସ୍ୱପ୍ନ ପରେ ସ୍ୱପ୍ନ
ମୋର ମନେ ନାହିଁ।

ମନେ ନାହିଁ
କେଉଁ ସବୁ ଶବ୍ଦମାନଙ୍କୁ
ନିମନ୍ତ୍ରଣ କରିବା ପାଇଁ ମୁଁ
ଏକୁଟିଆ ଠିଆ ହୋଇଥିଲି
କବିତାମାନଙ୍କର ଦୁଆରବନ୍ଧରେ।
ଛାତିତଳର କେଉଁ ଅକୁହାକଥାକୁ
ଲୁହଲହୁରେ ଲେଖି ଦେବି ବୋଲି ମୁଁ
ଥରେ ନୁହଁ କେତେଥର
ଧ୍ୟାନସ୍ଥ ହୋଇଛି
ମୋର ମନେ ନାହିଁ
ଜମା ମନେ ନାହିଁ।।

ଚିଲ

ଗାଁ ମୁଣ୍ଡ ତାଳଗଛରେ ବସିଥାଏ ଚିଲ,
ସ୍କୁଲ ପଡ଼ିଆ ବାଉଁଶ ଖୁଣ୍ଟରେ
ଫରଫର ଉଡୁଥାଏ ତ୍ରିରଙ୍ଗା ପତାକା।
ପତାକା ଆଡ଼କୁ
ମଝିରେ ମଝିରେ ଦେଖୁଥାଏ ଚିଲ,
ଥଣ୍ଟ ଖୋଲୁଥାଏ ଠିକ୍ ହସିଲା ପରି।

ଅଥଚ, ଇଂରେଜ ହଟିଯାଇଥାନ୍ତି ଦେଶରୁ,
ସ୍ୱାଧୀନତା ପହଞ୍ଚି ଯାଇଥାଏ
ହାତମୁଠାରେ।
ନୂଆ ଶାସକମାନେ ଅଣ୍ଟା ଭିଡୁଥାନ୍ତି
ଜନଗଣ ଚାହିଁଥାନ୍ତି
କେମିତି ବଦଳିବ ଭାଗ୍ୟ
ଆପଣାର/ଦେଶର।

ଏଥର ଚିଲ ଗଛ ଛାଡ଼ିଲା
ଆକାଶରେ ଚକ୍କର କାଟିଲା/ ଦେଖିଲା
କିଛି ରକ୍ତମୁଖା ତିଆରି ହୋଇଯାଇଛନ୍ତି
ଦେଶ ଭିତରେ।

ଏଥର ମନେ ମନେ କିଛି
ଭାବିଲା ବେଳକୁ,
ସଞ୍ଜବେଳେ ପତାକା ଖୋଲାହେଲା
ବାଉଁଶ ଖୁଣ୍ଟରୁ,
ଚିଲ ତାଳଗଛରୁ ଆସି
ତା' ଉପରେ ବସିଲା॥

ନଈ, ନାଆ ଓ ନାଉରିଆ

କେତେଦିନ ହେଲା
ଆଉ ବସିନି ସେ ନାଆରେ,
କେତେଦିନ ହେଲା
ଶୁଣିପାରିନି ସେ ନାଉରିଆର ଗୀତ ।

ଯେଉଁ ଗୋଟେ ପରିଚିତ ଘାଟରୁ
କିଛି ଦୋ ଦୋ ଚିହ୍ନା ମୁହଁ ସାଥେ
ଓହ୍ଲେଇ ଆସିଲି ସେଦିନ
କିଏ ଗଲେ କୁଆଡ଼େ
କେହି ବି ମାଗିଲେ ନାହିଁ କାହାର ଠିକଣା ।

ସେ ଦିନ ଆସିଲା ବେଳକୁ
ମଝି ନଈରେ କହିଥିଲା ନାଉରିଆ,
ବାପରେ, ଯେତେ ବେଶି ବେଶି ମାୟା
ସେତେ ବେଶି ବେଶି ଲୋଭ ଓ ଦୁଃଖ,
ସୂର୍ଯ୍ୟ ବୁଡିବା ଆଗରୁ
ବହୁଥର କହିଲିଣି ଏମାନଙ୍କୁ
ହେଲା, ବେଶି ହେଲା ତମ ଅନାବିଳ ସ୍ନେହ, ଶ୍ରଦ୍ଧା
ଅତିଥି ସତ୍କାର,
ଏବେ ମୋତେ ଛାଡ଼ିଦିଅ ଘାଟରେ
ଟିକେ ହାତ ଧରି ବସେଇ ଦିଅ ସେ ନାଆରେ,

ନାଉରିଆକୁ କହିଦେଇ ଆସ
ଏଇ ସେଇ ପୁରୁଣା ଲୋକ
ଯିଏ ଥରେ ଆସିଥିଲା ତମ ନାଆରେ।

ମୋର ଏଇ ବାହୁଡ଼ା ବେଳରେ
ରୁହ, ଆଉ ଟିକେ ରହିଯାଅ କହି
କେହି ଶୁଣିଲେନି ମୋ କଥା।

ହଠାତ୍ କାହିଁକି କେଜାଣି
ଘରୁ ପାଦ କାଢ଼ିଦେଲି ବାହାରକୁ
ଦାଣ୍ଡରେ ଯାଉଥିବା ଲୋକମାନଙ୍କୁ
ଡାକି ଡାକି ମନ ଖୋଲି କହିଦେଲି
ଆଜି କାହିଁକି କେଜାଣି
ବେଶି ବେଶି ମନେ ପଡୁଛି,
ସେଇ ନାଆ, ନଈ ଆଉ ନାଉରିଆର କଥା।।

ଶୂନ୍ୟସ୍ଥାନ

ଦିନେ ଦିନେ ଲାଗେ
ମୁଁ ନଥାଏ
ସଂପର୍କର ମିଶାଣରେ,
ଦୁଃଖର ଫେଡ଼ାଣରେ
କି ସୁଖର ଗୁଣନରେ।
ମୁଁ ଖାଲି ବିରହର
ଶୂନ୍ୟସ୍ଥାନଟିଏ
ଯିଏ ଭାଗ୍ୟନେଇ ବଂଚୁଥାଏ
କେହି ଜଣେ ଫିଙ୍ଗି ଦେଇଥିବା
ହୃଦୟର ଅଲୋଡ଼ା
କାଗଜ ଉପରେ।

ଦିନେ ଦିନେ ଲାଗେ
କେହି ଜଣେ
ଛାଇ ପରି କି ସ୍ୱପ୍ନ ପରି ଆସେ
ଆଉ କିଛି କାଳ
ରହିଯାଏ ସେ ଶୂନ୍ୟସ୍ଥାନରେ।
ଯିଏ ମୋ ଆଖିରେ
ବର୍ଷା ହୋଇ ନାଚେ
ମୋ ଓଠରେ ଗାଏ
କେତେ କେତେ

ଅପାଶୋରା ଗୀତ,
ମୋ ଛାତିରେ କ'ଣ ଗୋଟେ
ଲେଖି ଦେଇ ଫେରିଯାଏ ଯେ,
ଆଉ ଲିଭେଇ ହୁଏନି
ସେ କଥା ।

ଧିରେ ଧିରେ ମୁଁ
ଅଲୋଡ଼ା ଶୂନ୍ୟସ୍ଥାନରୁ
ପାଲଟିଯାଏ ଶବ୍ଦ
ଶବ୍ଦରୁ କବିତା
କବିତାରୁ ପ୍ରେମ
ଆଉ ପ୍ରେମରୁ ପୃଥିବୀ ।
ସେଦିନ ପୁଣି ଲାଗେ
ଯେଉଁଠାରେ ମୁଁ ଥାଏ
ସେଇଠି ନଥାଏ,
ଯେଉଁଠି ନଥାଏ
ସେଇଠି ମୁଁ ନୀରବରେ
ଠିଆ ହୋଇଥାଏ ।।

ଗୁଡ଼ି

ଯେତିକି ଉଡ଼େଇଲ
ତା'ଠାରୁ ଅଧିକ
ପକେଇଲ ତଳେ,
ଆଉ ଛିଡ଼ିଗଲା ଦିନ
ଅସହାୟ ହୋଇ
ଝୁଲିଗଲା ପରେ ବୁଝିଲି
ଦୁଃଖ କେମିତି
ହାତ ଧରି ଟାଣିନେଇ ପାରେ
ନୀରବତାର ଖୋଲା ପଡ଼ିଆକୁ ।

ଆକାଶକୁ ସାଥି କରି
ଯେତିକି ସହିଲି
ପବନର ଅପମାନ,
ମାଟିକୁ ଛାଡ଼ି ଦେଇ
ସେତିକି ପାଇଲି
ଅସରନ୍ତି ଅବସୋସ ।

ଏବେ କାହିଁକି ପଚାରୁଛ
ମୋର ଭଲମନ୍ଦ ପ୍ରିୟ ଈଶ୍ୱର ?
ଗୁଡ଼ିଟେ ହେବାରେ
ଏତେ ଯାତନା ଜାଣିଥିଲେ

ଖଣ୍ଡେ ସାମାନ୍ୟ ସୂତାର ପ୍ରେମରେ ପଡ଼ି
ମୁଁ କ'ଣ ଏମିତି
ଅଣଚାଶ ପବନରେ
ଉଡ଼ିଥାନ୍ତି ତମ ଇସାରାରେ,
ନା, ଜୀବନକୁ ବୁଝୁ ବୁଝୁ
କେଉଁଠି ଗୋଟେ
ବିଚ୍ଛେଦରେ ଛିଡ଼ିଯାଇ
ବନ୍ଧା ପଡ଼ିଥାଆନ୍ତି
ମୃତ୍ୟୁର ଆଲିଙ୍ଗନରେ ।

ଭଲ କଲ ପ୍ରିୟ ଈଶ୍ୱର !
ଗୁଡ଼ିଟେ କଲ ବୋଲି
ଏ ମନ ମରିଯିବା ଆଗରୁ
ମାଟିକୁ ମାଗି ଆଣିଲି
ମୁଠାଏ ମମତା,
ଆଉ ଖାଲି ଆଂଜୁଳାକୁ
ଭରିଦେବା ପାଇଁ
ଆକାଶ ପାଖରୁ ମାଗି ଆଣିଲି
କେତେ କେତେ ଉଡ଼ାଣର କଳା ।।

ସ୍ୱର୍ଗାରୋହଣ

ଏବେ ଗୋଟେ ବୁଢ଼ିଆଣୀର
ସୂତା ଧରି ଧରି
ମୁଁ ସ୍ୱର୍ଗାରୋହଣ ପାଇଁ
ବାହାରି ପଡ଼ିଲିଣିରେ ଚକ୍ରଧର !
କେତେବେଳୁ ପଛରୁ ଛାଡ଼ି ଆସିଲିଣି
ଯାବତୀୟ ଲୋଭ ମୋହ, ଅପବାଦ, ମାନ ଅପମାନ
ଏପରିକି ପାଦତଳ ମାଟି/ମର୍ତ୍ତ୍ୟ।

କହ, କେତେଦିନ ଆଉ
ନର୍ଦ୍ଦମାର କୀଟ ପରି
ପଡ଼ିଥାନ୍ତି କୁମ୍ଭୀପାକ ନର୍କରେ
ଭୋଗୁଥାନ୍ତି ନାହିଁ ନଥିବା ଯନ୍ତ୍ରଣା।

ଏବେ ତ ଧିରେ ଧିରେ
ମୁଁ ଉପରକୁ ଉଠୁଛିରେ ଚକ୍ରଧର !
କ୍ରମଶଃ ହାତ ପାଆନ୍ତାକୁ ଆସୁଛନ୍ତି
ସୂର୍ଯ୍ୟ, ଚନ୍ଦ୍ର ଗ୍ରହ ଓ ନକ୍ଷତ୍ର।
ଆଉ ଆସ୍ତେ ଆସ୍ତେ ଝାପ୍‌ସା ଝାପ୍‌ସା ଦିଶିଲାଣି
ମୁହଁ ତଳର ପୃଥିବୀ।

ଗୋଟେ ବୁଢ଼ିଆଣୀର ସୂତାରେ
ଏମିତି ଚଢ଼ିବାର କୌଶଳ
ଆଗରୁ ଟିକେ ଶିଖିଥିଲେ
ମୁଁ କ'ଣ ଏତେ କାଳ ଏମିତି ହିନସ୍ତାରେ
ପଡ଼ିଥାନ୍ତି କି ଚକ୍ରଧର !
ଅହିନର୍କରେ ପଡ଼ି ଘାଣ୍ଟି ହେଉଥାନ୍ତି କି,
ଭାଗ୍ୟକୁ ଆଦରି ।

ଦେଖୁ ଦେଖୁ ଏବେ ଗୋଟେ ନୀଳ ନୀଳ ଆଲୋକରେ
କ୍ରମଶଃ ଉଦ୍‌ଭାସିତ ହେଲାଣି
ମୋର ସର୍ବାଙ୍ଗ ଶରୀର,
ସରି ଆସିଲାଣି ମୋର ସମଗ୍ର କ୍ଳାନ୍ତି
ଅଥଚ, ଏ ନିର୍ଜନ ରାସ୍ତାରେ
କାହାକୁ ପଚାରି ପାରୁନିରେ ଚକ୍ରଧର !
ଆଉ କେତେ ଦୂର ସ୍ୱର୍ଗ ।।

ଥରେ ଦେଖାହେଲେ

ଥରେ ଦେଖାହେଲେ
ପଚାରିବି ତୁମକୁ,
ଜାଲରେ ପଡ଼ିଗଲା ପରେ
କେତେ କୌଶଳ କଲେ ବି
କାହିଁକି ବେଶୀ ବେଶୀ
ଛନ୍ଦି ହୋଇଯାଏ ପାଦ।

ଭଉଁରି ମୁହଁରେ
ଥରେ ଖସିପଡ଼ିଲେ,
କେଉଁଠି ସରିଯାଏ ସବୁ
ସାହସ, ଧୈର୍ଯ୍ୟ ଓ ବଳ ବିକ୍ରମ।

ଦେଖାହେଲେ ପଚାରିବି,
କେଉଁ ଅନ୍ଧାର ଗଳିରେ ଲୁଚି ଲୁଚି
ଜୀବନସାରା ଆମ ସାଥିରେ
ଲୁଚକାଳି ଖେଳୁଥାନ୍ତି ଆମ ପ୍ରିୟ ଈଶ୍ୱର,
କାହିଁକି ଅଜଣା ପକ୍ଷୀର ଗୀତଟିଏ
ଉଚ୍ଚାଟ କରୁଥାଏ
ଏ ମନକୁ ବାରମ୍ବାର।
ଏ ଯାଏଁ କିଛି ବି ପଚାରି ପାରିନି ତୁମକୁ।

ନାଉରିଆଟିର
ନାଆ ବୁଡ଼ିଯିବାର ଦୁଃଖ,
ଦାଦନ ଖଟି ଫେରିଥିବା
ପୁଅର ନିର୍ଯ୍ୟାତନା,
ଏପରିକି ଅକାଳ ବୈଧବ୍ୟ ଭୋଗୁଥିବା ନାରୀଟିର
ଛାତି ତଳର ଅକୁହା ବେଦନା।

ଏଥର କିନ୍ତୁ ଦେଖାହେଲେ
ନିଶ୍ଚୟ ପଚାରିବି,
ଦାଣ୍ଡପିଣ୍ଡାରେ ଠିଆ ହୋଇ
ପାପା ବୋଲି ଡାକି ଦେଉଥିବା
କୁନିଝିଅର କେଉଁ ନିରୁତା ସ୍ନେହରୁ
ମୁକୁଳି ନପାରି
ଫେରି ଯିବାକୁ ହୁଏ ଘରକୁ।

ଆସିଛ ତ, ଆଉ ଟିକେ ରହିଯାଅ ବୋଲି,
ପ୍ରେମିକା ପରି ବାରମ୍ବାର କହୁଥିବା
ପ୍ରିୟ ଜୀବନ ପାଖରୁ କାହିଁକି
ମେଲାଣି ମାଗି ଚାଲି ଯିବାକୁ ହୁଏ
ଦୂରକୁ ବହୁତ ଦୂରକୁ।।

ଏବେ କ'ଣ କରୁଥିବେ ସେମାନେ

ଏବେ କ'ଣ କରୁଥିବେ
ଆଂଜୁଳାଏ ପାଣି ପାଇଁ
ଜଙ୍ଗଲରେ ବାଟ ଭୁଲି ଯାଇଥିବା
ତୃଷାର୍ତ୍ତମାନେ
ନଈକୁ ମାଛ ଧରିବାକୁ ଯାଇ
ଭଉଁରୀ ମୁହଁରେ ଖସି ପଡ଼ିଥିବା
ଧୀବର ମାନେ ।

ମୁଣ୍ଡରେ କାଠ ଲଦି ଫେରୁଥିବା
ଧାଙ୍ଗିଡ଼ୀମାନେ ଘରକୁ ଫେରି ନପାରି
କ'ଣ ବସି ଭାବୁଥିବେ
ବଢ଼ିଲା ନଈ କୂଳରେ ।

ମୁଣ୍ଡରେ ପାଗ ବାନ୍ଧୁ ବାନ୍ଧୁ
ସିଂହାସନ ତଳକୁ ଖସି ପଡ଼ିଥିବା
ସମ୍ରାଟମାନେ କ'ଣ ବିଚାରୁଥିବେ ମନରେ
ଚନ୍ଦ୍ରକୁ ହାତ ବଢ଼ଉଥିବା
ବାମନମାନେ କ'ଣ କହି
ବୁଝଉଥିବେ ନିଜ ନିଜର ଭାଗ୍ୟକୁ
ମେଘକୁ ଡାକି ଡାକି
ଏବେ କେଉଁଠି ବିଶ୍ରାମ ନେଇଥିବେ

ଚାତକ ପକ୍ଷୀମାନେ,
ଚୁଲିରେ ନିଆଁ ଜଳୁ ନଥିବା
ଭୋକିଲାମାନେ,
ଏବେ କେଉଁ ଗଛରୁ ତୋଳୁଥିବେ
ପତ୍ର, ଫୁଲ କି ଫଳ।

ଏବେ କ'ଣ ଚିନ୍ତା କରୁଥିବେ ସେମାନେ
ଯେଉଁମାନେ ଶବଦାହ କରି
ସ୍ନାନ ଅପେକ୍ଷାରେ
ବସିଥିବେ ପୋଖରୀ ତୁଠରେ
ଆଉ ଯେଉଁମାନେ ଚାଲିଗଲେ
ସେମାନେ କେଉଁଠି କେମିତି ରହିଥିବେ
କାହାର ସାଥିରେ॥

ଆଉଥରେ ଆସ

ଭାବୁଛି
ଆଉଥରେ ଡାକିବି ତୁମକୁ,
କେତେବେଳୁ ନଈରେ
ବଢ଼ିଲାଣି ପାଣି,
କୂଳରେ ଲାଗିଲାଣି ନାଆ,
ସବୁଜିମାରେ ଭରିଗଲାଣି
ଆମ ଭଲପାଇବାର
ଖେଳପଡ଼ିଆ ।

ପାରିବ ଯଦି
ସାଧବ ବୋହୂର ପିଠିରେ
ସବାର ହୋଇ ଆସ,
ଆସ, ଓଳିତଳର
ଅସୁମାରି ପାଣିଫୋଟକାରେ,
ନହେଲେ ଝଲକାଏ
ବିଜୁଳି ସାଥିରେ ଆସ ।

ଭାବୁଛି,
ଏଥର ନିଶ୍ଚୟ ଡାକିବି ତମକୁ
କେତେବେଳୁ ତୁମେ ପୋତିଥିବା
ଗୋଲାପ ଗଛରେ

ଫୁଟିଲାଣି ଫୁଲ,
ତମ ଆମ ପ୍ରୀତିର ଅଗଣାରେ
ଘୁରିବୁଲିଲେଣି ପ୍ରଜାପତି ।

ପାରିବ ଯଦି,
ମୁହଁ ସଂଜର ଅଂଧାରରେ ଆସ,
ସ୍ୱପ୍ନ ସବାରିରେ ବସି
ରାତି ଅଧରେ ଆସ,
ନହେଲେ, ବୁଡ଼ିଯାଉଥିବା
ଜହ୍ନର ଚେନାଏ ଆଲୁଅରେ ଆସ,
ଆଉଥରେ ଆସ ।।

ପକ୍ଷୀ: ନିମନ୍ତ୍ରଣ

ଏଥର ଆସ ବୋଲି
ପକ୍ଷୀମାନେ ଡାକିଲେ
ଦେଖିବାକୁ ଆକାଶର
ନୀଳ ଜହ୍ନର ଜ୍ୟୋସ୍ନାକୁ,
ମୁଁ କହିଲି ନା,
ମୁଁ ଏବେ ଖଣ୍ଡି ଉଡ଼ା ଦେଉଛି
ଏ ଡାଳରୁ ସେ ଡାଳକୁ,
ଡେଣାରେ ଆଉ ଟିକେ ଲାଗିଯାଉ ବଳ।

ଅସ୍ଥିର ସେ ପକ୍ଷୀ ସବୁଙ୍କୁ କହିଲି
ଦିନେ ଦେଖିବ,
ସଂଜ ଆସିଗଲେ
ତୁମେ ସବୁ ନୀଡ଼ମୁହାଁ ହେଲା ବେଳକୁ
ଗୋଟେ ଅଲିଭା ଆଲୁଅର
ନୀଳ ନିମନ୍ତ୍ରଣରେ
ତମ ସମସ୍ତଙ୍କୁ ଚକିତ କରି
ମୁଁ ଏପରି ଉଡ଼ିବି ଯେ,
ତମେ ସବୁ ପଡ଼ିଯିବ ପଛରେ
କେତେ ଚେଷ୍ଟା ପରେ ବି
ଛୁଇଁ ପାରିବନି ମୋତେ।

ଏଥର ପକ୍ଷୀ ସବୁ
ପରସ୍ପରକୁ ଚାହିଁ
ନୀରବି ଗଲେ କିଛି ସମୟ,
ଆଉ ମୁଁ ବାଚାଳଙ୍କ ପରି
କ'ଣ କ'ଣ ସବୁ
କହି ଚାଲିଲି ଯେ
ପକ୍ଷୀ ସବୁ ଭାବିଲେ
ମୁଁ କାଳେ ଗୋଟେ
ଅଭିଶପ୍ତ ଝଡ଼ର ଇଗଲ ।

ଶେଷରେ କ'ଣ ବୁଝିଲେ
ସେ ଅବୁଝା ପକ୍ଷୀ ସବୁ କେଜାଣି ?
କହିଲେ ଥରେ ଆସ
ଚଖେଇ ଦେବୁ
ଏଯାଏଁ ତମକୁ ଅଦୃଶ୍ୟ
ସେ ଗଛର ମିଠା ମିଠା ଫଳ,
ଆଉ ତୁମେ ଉଡ଼ିବା-ପଣକୁ ଭୁଲି
ମାଟି ପାଇଁ ଗାଉଥିବ ଗୀତ
ଶୁଣୁଥିବ ମନବୋଧ ଚଉତିଶା
ଭୋଗୁଥିବ ସୁଖର ଜଂଜାଳ ॥

ବାପା

ବର୍ଷିବ ବର୍ଷିବ ହୋଇ
ବର୍ଷି ପାରୁନଥିବା ମେଘ
ଏବେ ଅସରାଏ ବର୍ଷିଗଲା ପରେ
କେତେ ପରିଷ୍କାର ଦିଶୁଛି ଆକାଶ ବାପା !
ତମେ ପୋତିଥିବା ବଢ଼ିଲା ଗଛସବୁ
ଗୋଟେ ଅଦିନ ଝଡ଼ବାତ୍ୟାରେ
ବିପର୍ଯ୍ୟସ୍ତ ହେଲା ପରେ
ଦେଖ, କେମିତି ଥମି ଯାଇଛି ପବନ ।

ଗାଁ ଦେଉଳରେ ମନ୍ତ୍ରପାଠ କରି
ଫେରିବା ପରେ
ଘରେ କାହିଁକି ଭେଟୁଛ
ଖାଲି କାନ୍ଦୁରା କାନ୍ଦୁରା ମୁହଁ ବାପା !
ପାଖ ଗାଁରେ ଯଜ୍ଞ ସାରି ଫେରିବା ପରେ
କାହିଁକି ଦେଖୁଛ ଘରେ ନିଆଁ ଲାଗିନଥିବା
ଗୋଟେ ଅଧାଭଙ୍ଗା ଚୁଲିର ଦୃଶ୍ୟ ।
ସବୁ କ'ଣ ଲଲାଟ ଲିଖିନ କି ବାପା !
ସବୁ କ'ଣ ପ୍ରାରବ୍ଧ ।

କେଉଁ ନିଷ୍ଠୁର ସମୟ ଏବେ
ତମ ସାଥେ ବାଜି ଲଗେଇ

ଜିତିଯାଇଛି ନିର୍ଦ୍ୱନ୍ଦ୍ୱରେ
ଆଉ ତମେ ହାରି ଯାଇ ଧୀରେ ଧୀରେ
ନଇଁ ପଡୁଛ
ଫଳନ୍ତି ବୃକ୍ଷ ପରି ଆମ ହାତ
ପାଆନ୍ତାରେ।
ଏବେ ଦେଖ ବାପା !
ଭାଇଭାଗ ଜମି ପରି କେମିତି
ଖଣ୍ଡ ଖଣ୍ଡ ହୋଇ ଭାଙ୍ଗିପଡୁଛି ହୃଦୟ,
ଓଳିତଳ ପାଣି ଫୋଟକା ପରି
ଚାହୁଁ ଚାହୁଁ ହଜିଯାଉଛି
ଯେତେ ସବୁ ରକ୍ତର ସମ୍ପର୍କ।

ଏମିତି ଏ ଦୁର୍ଦ୍ଦିନରେ ଆମ ଭଳି
ଅଯୋଗ୍ୟ କାଉଁରିଆ କାଠିଟେ ଧରି
ତମେ କ'ଣ ଆଉ ଅଣ୍ଟା ସଳଖି
ଚାଲିପାରିବ କି ବାପା !
ନା, ପଛକୁ ଫେରି ଦେଖାଇପାରିବ
ଆମ ଲାଗି ତମେ ହଜେଇ ଦେଇଥିବା
କେତେ ଫୁଲଫୁଟା ସଞ୍ଜ ଆଉ
ସୁନେଲି ସକାଳ॥

ନିୟତି

ସବୁ ଫୁଲର
ଭାଗ୍ୟରେ ଲେଖାଥାଏ କି,
ପ୍ରଜାପତିର ଛୁଆଁରେ ଚକ୍ରଧର !
ସବୁ ମେଘର ନିୟତିରେ
ଲେଖାଥାଏ କି,
ଝର୍ ଝର୍ ହୋଇ ଝରିଯିବାର ସୁଖ ।

ଏ ସଂସାରରେ ସବୁ କିଛି
ଅଳିକ କହିଦେଇ,
ଏ ଅମାନିଆ ମନକୁ
ମନବୋଧ ଚଉତିଶା ଶୁଣାଇ
କ'ଣ ବୁଝେଇ ହେଲାକିରେ ଚକ୍ରଧର !
ଖାଲି କଥାରେ କଥାରେ
କାହାକୁ କହି ହେଲାକି ନିର୍ବାଣର ପଥ ।

ଜଂଜାଳର ବୋଝ ମୁଣ୍ଡେଇ
ଯିଏ ଅଭାବର ହିଡ଼ ଉପରେ
ନିରାଶାର ପାଦ ଥାପି ଥାପି
ହସି ହସି ଯାଇପାରେ,
ସେ କାହିଁକି ନ ଖୋଜିବ
ପାଟଛତା, ସୁନା ପାଲିଙ୍କିରେ ଚକ୍ରଧର !

ଅଂଧାରକୁ ଯିଏ
ହାତ ହଲେଇ ବିଦାୟ ଦେଇଛି
ସେ କାହିଁକି ନ ଖୋଜିବ
ଗୋଟେ ସକାଳର ସୂର୍ଯ୍ୟୋଦୟ।

ସତ କଥାରେ ଚକ୍ରଧର !
ସବୁ ଗଛର କପାଳରେ ଲେଖାନଥାଏ
ପୁଷ୍ପିତ ହେବାର ଲଗ୍ନ,
ସବୁ ମଣିଷର ହୃଦୟରେ
ସାଇତା ହୋଇନଥାଏ,
ମଣିଷକୁ ଭଲ ପାଇବାର
ଗୋଟେ ଛଳ ଛଳ ଭାବ।।

ବୋଉ

ତୁ ଶିଖେଇଛୁ
କାହାକୁ କହିବି ପାଣି,
କାହାକୁ କହିବି ନିଆଁ।

ତୁ ବୁଝେଇଛୁ
ପହଁରା ଶିଖିଥିଲେ
କେତେ ନିର୍ଭୟରେ
ପାର ହୋଇପାରିବି ନଈ,
ନିଆଁ ସାଥିରେ ଯୁଝିଥିଲେ
କେମିତି ପାଲଟି ପାରିବି ଇସ୍ପାତ।

କହିଛୁ ବୋଲି ତ ବୋଉ
କାହା ଇସାରାରେ
କେବେ ମହମବତୀ ହୋଇ
ଜଳୁଛି ଅଂଧାରରେ ତ,
କେବେ ଜହ୍ନିଫୁଲ ହୋଇ
ଫୁଟୁଛି କାହା ଅଗଣାରେ।

ତୁ ତ ଶିଖେଇଛୁ ବୋଉ,
ନିଜ ଆଖିର ଲୁହଠାରୁ
ଆଉ କାହା ଆଖିର ଲୁହରେ

କେତେ ଅଧିକ ଦୁଃଖ,
ନିଜ ଓଠର ହସ ଠାରୁ
ଆଉ କାହାର ଓଠ ହସରେ
କେତେ ଅଧିକ ଖୁସି ।

ତୁ ଦେଖ୍ ବୋଉ,
ତୁ କହିଛୁ ବୋଲି
ସତ୍ୟନ୍ୟାୟର ଖଣ୍ଡାଧାରରେ
ମୁଁ କେମିତି ରଖିଛି ପାଦ,
ତୁ ବିଛେଇ ଦେଇଛୁ ବୋଲି
ତୋ ଆଶୀର୍ବାଦର
ଫୁଲଫୁଟା ରାସ୍ତାରେ
ମୁଁ କେମିତି ଚାଲୁଛି ବାଟ ।।

ବାପା : ତୁମେ ଗଲାପରେ

ବାପା,
ତମେ ଆଜିକାଲି
କେବେ କେବେ ଆସି
ଠିଆହୁଅ ଅଭୟ ମୁଦ୍ରାରେ,
ପୁଣି କେବେ ଧୂଳି ଧୂସରିତ ହୋଇ
ବଡ଼ ବଡ଼ ପାହୁଣ୍ଡ ପକେଇ
ତମେ ନୀରବରେ ଚାଲିଯାଅ
ଘର ଦେଇ ଗାଁର ଦାଣ୍ଡରେ ।
ଦିନ ପରେ ରାତିଯାଏ ବାପା
ତୁମେ ଆଉ ଆସନାହିଁ
ଆମ ସହ ଦୁଃଖସୁଖ
ବାଣ୍ଟିବା ଆଶାରେ ।

ଏବେ କାହାକୁ ପଚାରିବି ବାପା,
ଆଜିକାଲି କାହିଁକି
ବେଶୀ ବେଶୀ ଗାଢ଼ ଦିଶେ
ରାତିର ଅଂଧାର,
ତାରାମାନେ ବେଶୀ ବେଶୀ
ଆପଣା ଲାଗନ୍ତି ପୁଣି
ଦିଶୁଥାନ୍ତି ଅଧିକ ଉଜ୍ଜ୍ୱଳ ।

କାହାକୁ କହିବି ଏବେ
ଖାଁ ଖାଁ ଦାଣ୍ଡପିଣ୍ଡା
ଘରସାରା ଶୂନ୍ୟତାର ଛାଇ,
ଶୁନ୍‌ଶାନ୍ ଦିଅଁଘର
ବାଡ଼ିପଟ ଗଛପତ୍ର
ଏତେ ପବନରେ କିଆଁ
ଜମା ହଲେ ନାହିଁ।

ଏବେ ଘରକୁ ଅନେଇ ଦେଲେ
ତମେ ଅଛ ପୁଣି ତମେ ନାହଁ
ଏମିତି ଲାଗୁଛି,
କେତେ କେତେ ଶବ୍‌ଦ ସବୁ
ପବନରେ ଭାସି ଗଲାବେଳେ
ତମ ସ୍ୱର ମନ୍ତ୍ର ପରି ଉଚ୍ଚାଟ କରୁଛି।

ସବୁ ଦୁଃଖ
କହିହୁଏ ନାହିଁ,
ଫେରିଗଲା ପରେ ତୁମେ
କେମିତି ଦେଖନ୍ତ ବାପା !
ସେଇ ଘର ଚୂନଲିପା କାନ୍ଥ ଅଛି,
ଖାଲି ଯାହା ମୁଣ୍ଡ ପରେ
ଛାତଟିଏ ନାହିଁ॥

ଗୀତ

ତମେ ଫେରିଲା ବେଳକୁ
ଜହ୍ନ ବୁଡ଼ି ଯାଉଥିଲା
ଭାବନାର ଅଂଧାର ଭିତରେ,
କେତେ କହି ଡାକି ଆଣିଥିବା
ଶବ୍ଦ ସବୁ ବାଟ ଭୁଲି ଯାଉଥିଲେ
ଜାଣିଶୁଣି ନୀଳ ଜଂଗଲରେ ।

ତୁମେ ଯେଉଁ ଦର୍ପଣ ସାମ୍‌ନାରେ
ଠିଆ ହୋଇ ନ କାନ୍ଦିବ ବୋଲି
ଆଖିକୁ ବୁଝାଉଥିଲ
ଶୂନ୍ୟ କୋଠରୀରେ,
ତୁମେ ତ ଦେଖିଲ ନାହିଁ
କିଏ ଜଣେ ଲୁଚି ଲୁଚି
ମୁଠା ମୁଠା ଫୁଲ ଫିଙ୍ଗୁଥିଲା
ଆସ ବୋଲି ଡାକି ଦେଇ
ତମ ସେ ରାସ୍ତାରେ ।

ତୁମେ ଆସିଲା ବେଳକୁ
ଜଳନ୍ତା ଅଂଗାର ସବୁ
ଝରଣାର ଧାରଟିଏ ହୋଇ
ବହିଗଲେ ହୃଦୟର
ଶୁଖିଲା କ୍ଷେତରେ,
ଆଉ ସେ ଅଜଣାପକ୍ଷୀ
ଗାଉଥିଲା ଯେଉଁ ଗୀତ
ତାହା ପୁଣି ଶୁଭୁଥିଲା
ଓ ଶୁଭୁ ନଥିଲା
ବୟସର ଶୂନ୍ୟ ଇଲାକାରେ ।

ହାତ

ଚାଲ
ଫେରି ଯାଉଥିବା
ସେ ଲୋକମାନଙ୍କୁ କହିଦେବା,
ଥରେ ପଚାରି ଦେବେ
ସେମାନଙ୍କ ବିଶ୍ୱସ୍ତ ହାତକୁ
ତ୍ୟାଗର ନାଁରେ
କ'ଣ ଦେଇ ଆସିଲେ କାହାକୁ,
କେତେ ଲୁହକୁ ଆହା କହି
ପୋଛି ଆଣିଲେ ପାପୁଲିରେ।
ଯେଉଁ ହାତରେ
ସୁଖକୁ ଗୁଡ଼ି କରି
ଉଡ଼େଇ ଆସିଲେ
ଅହଂକାରର ଆକାଶରେ
କୁଆଡ଼େ ଗଲା ସେ
ଚାରିଦିନର ନଟେଇ।

ନିରୁତ୍ତର ତ,
କହିଦେବା ବାପରେ
ନଈ ନଈ ହୋଇଥାଏ
ଖାଲି ଶୁଖିଯାଏ ପାଣି,
ଘର ଘର ହୋଇ ପଡ଼ିଥାଏ
ଖାଲି ଘେରିଯାଏ ନୀରବତା।

କିଛି ବୁଝି ପାରିଲେନି ତ !
ପୁଣି ଶୁଣେଇ ଦେବା
ଗୋଟେ ହଳଦିଆ ପଡ଼ି ଆସୁଥିବା
ପତ୍ର ଉପରେ
କି ଭରସା ଥାଏ ଗଛର,
ଦୁଇଟା ଅଥର୍ବ ହାତ ଉପରେ
କି ଅଧିକାର ଥାଏ
ଏ ସ୍ୱାର୍ଥପର ମଣିଷର ॥

କିଛି ଦୃଶ୍ୟ

କୁନିଝିଅ
ଫେରିଲାଣି ସ୍କୁଲରୁ,
କାଲିଠାରୁ
ବନ୍ଦ ହୋଇଯାଇଛି
କାନ୍ଥ ଘଣ୍ଟା,
ଘୋଡ଼ାପିଠିରେ
ବସିଛି ସମୟ,
ଘର ଭିତରୁ ଶୁଭିଲା
ସଂଜ ଆସିଲେ
ଜଣା ପଡ଼ିଯିବ
କେତେଟା ବାଜିଲା ଘଣ୍ଟାରେ।
ଅଥଚ, ସଞ୍ଜବେଳକୁ
ଆକାଶକୁ ଢାଙ୍କି ଦେଇଥିଲା
କଳାହାଣ୍ଡିଆ ମେଘ।

ସାରାରାତି ବର୍ଷା
ଯେଉଁ ବେଙ୍ଗ ସବୁ
ରଡ଼ି କରୁଥିଲେ
ରାତିସାରା
ଏବେ ସକାଳକୁ ଚୁପ୍,
ସୂର୍ଯ୍ୟ ଦିଶିବ ଦିଶିବ ହୋଇ
ଦିଶୁନଥିଲା ଆକାଶରେ,
ତମେ କହିଲ,
କେତେ ବର୍ଷା ଦରକାର

ଭିଜିବା ପାଇଁ
ଗୋଟେ ଦେହ।

ବର୍ଷାରାତିରେ
ଶବଦାହ କରି
ସେମାନେ ଫେରି ଆସିଥିଲେ
ଅଥଚ, ଗାଧୋଇଲା ବେଳେ
ପୋଖରୀ ତୁଠରେ
ହିସାବ କରୁଥିଲେ
ଗଲାକାଲିର ଲାଭକ୍ଷତି।
ସେମାନଙ୍କ ଭିତରୁ
କେହି ଜଣେ କହିଲା ଛାଡ଼ ହେ,
ମରଣ ଆସିବ ବୋଲି
କ'ଣ ଜାଣିଶୁଣି ଡେଇଁପଡ଼ିବା
ବଢ଼ିଲା ନଈରେ।

ସେମାନେ
ନାଆରୁ ଓହ୍ଲେଇଗଲା ପରେ
ସଂଗେ ସଂଗେ ଭୁଲିଗଲେ ଯେ,
ପାର ହୋଇ ଆସିଲେ
ଗୋଟେ ନଈ,
ତାଙ୍କ ସାଥିରେ ଥିଲା
ଗୋଟେ ନାଆ ଓ ନାଉରିଆ,
ଅଥଚ, ସେମାନଙ୍କ ଭିତରୁ
ଜଣେ ବ୍ୟସ୍ତ ହୋଇ କହୁଥିଲା
ଶୀଘ୍ର ଶୀଘ୍ର ଚାଲ,
ଆଗରେ ଥିବା ନଈରେ ଯେ,
ବଢ଼ି ନଥିବ ପାଣି
ସେ କଥା କିଏ କହିବ।।

ଶିଉଳି

କେଉଁ ପଥର ଉପରେ
ପାଦ ଥାପି ଥାପି
ବୟସର ସେତୁବଂଧ
ପାର ହେବୁରେ ଚକ୍ରଧର !
କେଉଁ ପରିଚିତ ସମୁଦ୍ରକୂଳେ ଠିଆ ହୋଇ
ଦେଖିବୁ ଜୀବନର ସୂର୍ଯ୍ୟାସ୍ତ ।

ଏବେ ସବୁ ଆଶା ଭରସାର
ପଥର ଉପରେ ତ,
ମେଂଚା ମେଂଚା ଅବିଶ୍ୱାସର ଶିଉଳି
ଅଥୟ ପାଦ ତଳେ, ଛାତି ତଳେ
ଖାଲି ଖସି ପଡ଼ିବାର ଭୟ ।
ଥରେ ଖସିଗଲେ କିଏ ଉପରକୁ
ପାଦ ଉଠେଇ ପାରିଛି କି ଚକ୍ରଧର !
ଥରେ ମୁହଁ ମାଡ଼ି ପଡ଼ିଗଲେ କିଏ
ମୁଣ୍ଡଟେକି ଠିଆ ହୋଇପାରିଛି କି
ଏ ମାଟି ଉପରେ ?

ଯେଉଁ ଦିନ ସୂର୍ଯ୍ୟ, ଚନ୍ଦ୍ର ତାରାଙ୍କ ଗହଣରେ
ଖେଳୁଥିଲୁରେ ଚକ୍ରଧର !
ସେ ଦିନ ଖୋଜିଥିଲୁ କି ମାଟିର ଠିକଣା,
ଯେଉଁଦିନ ଧୂଳିଖେଳ ଲୋଭରେ
ଛୁଇଁଦେଲୁ ଏ ମାଟିକୁ,
ସେ ଦିନ କାହାକୁ ପଚାରିଥିଲୁ କି ?

କେମିତି ପାର ହେବାକୁ ହେବ
ସାତ ନଈ, ତେର ସମୁଦ୍ର,
ବୟସର ଏ ଶିଉଳିମଖା ସେତୁବଂଧ ।
ଏବେ ଏ ସନ୍ଦେହର ମାଟି ଉପରୁ
ଧିରେ ଧିରେ ଉପରକୁ ଉଠେଇ ଦେ' ପାଦରେ ଚକ୍ରଧର !
ଯେଉଁଠି ଚାହିଁ ବସିଛନ୍ତି
ଆପଣାର ସୂର୍ଯ୍ୟ, ଚନ୍ଦ୍ର, ଗ୍ରହ ଓ ନକ୍ଷତ୍ର,
ଏପରିକି ମହାକାଶ
ସଭିଙ୍କର ପ୍ରିୟ ମହାକାଳ ।।

ଜୀବନ ଓ କବିତା

ଯେଉଁ ବାଗରେ ଚାଲୁଥାଏ ଜୀବନ
ସେ ବାଗରେ ଚାଲେ ନାହିଁ କବିତା।
ଶବ୍ଦ ତ ସରଗର ତାରା
କେବେକେବେ ବସିଆସେ
ସୁନା ପାଲିଙ୍କିରେ,
କେବେ କେବେ ଫୁଟୁଥାଏ
ତା' ଇଚ୍ଛାରେ ଫୁଲ ଫଗୁଣରେ।

ଜୀବନର କଥାଟା ନିଆରା,
କେବେ ଅନ୍ଧାରତ କେବେ ଆଲୁଅ
କେବେ ନିଆଁ ତ କେବେ ପାଣି
କେବେ ମୁଠାଏ ପ୍ରେମ ତ
କେବେ ଆଂଜୁଳାଏ ଲୁହ।

ଆଉ କବିତା, ସେ ରହସ୍ୟମୟୀ
କେବେ ବସିଥାଏ,
ସାପର ଲାଞ୍ଜରେ,
କେବେ ପ୍ରଜାପତିର ଡେଣାରେ,
କେବେ ଶରତର ଜହ୍ନରେ,
କେବେ ଜଂଗଲୀ ଫୁଲର ବାସ୍ନାରେ ତ,
କେବେ ଫଟାମାଟିର ଆଁ ଭିତରେ।

ଜୀବନ ତ ଗୋଟେ ବହନ୍ତା ନଈ,
ଅଗିଣ ସଂଜର ଜହ୍ନିଫୁଲ,
ପଦ୍ମପତ୍ର ଉପରେ ଟଳମଳ
ମୁକ୍ତାପରି ଟୋପାଏ ପାଣି,
ଓଳି ତଳର ପାଣି ଫୋଟକା,
ଆଉ କବିତା, ସେ ଇଚ୍ଛାମୟୀ
କେବେ ପାଦ ଚିପିଚିପି ଆସେ
ଶୀତୁଆ ସଂଜରେ/ ବର୍ଷା ସକାଳରେ,
ମନ କଲେ ତ ସେ ବୁଲୁଥାଏ
କେବେ ମାଟିରେ କେବେ ଆକାଶରେ
କେବେ ଶାଳବଣରେ ତ କେବେ ଶ୍ମଶାନରେ
କେବେ ଶୂନ୍ୟରେ ତ କେବେ ମହାଶୂନ୍ୟରେ ।।

ବାଟବଣା

ଦିନେ ଜାଣିଶୁଣି
ବାଟ ଭୁଲି ଗଲି ଯେ,
ଦିନ ଦ୍ୱିପହରେ ଯାଇ ପହଞ୍ଚିଲି
କେଉଁ ଗୋଟେ ଗାଁ ପୋଖରୀର
ମାଇପି ତୁଠରେ,
ଯେଉଁଠି ଗୋଟେ ସୁନ୍ଦରୀ ଝିଅ
ତା' ବାସି ଦେହ ପଖାଳୁ ଥିଲା
ସଜ ପବନରେ ।

ଫେରିଆସି
ଯେଉଁଠି ପହଞ୍ଚିଲି
ସେଇଟା ଥିଲା ପିଲାଦିନ
ବୁଢ଼ୀ ଅସୁରୁଣୀର ଗୁମ୍ଫା ।
ଯିଏ ଛୁଇଁଦେବ ବୋଲି
ହାତ ବଢ଼େଇ ଦେଲା ଯେ,
ମୁଁ ଫୁଲଟେ ହୋଇ ଲୁଚିଗଲି
ତା' ହାତ ପାଉନଥିବା
କୁହୁକ ଚମ୍ପା ଡାଳରେ ।

ଭାଗ୍ୟ ଭଲ,
ଏଥର ମିଳିଲା ବାଟ ଘରକୁ

ଦିଅଁ ପରି ନନା ଚୁପ୍ କରି ବସିଥିଲେ
ଦାଣ୍ଡ ପିଣ୍ଡାରେ,
ମୋତେ ଦେଖି କ'ଣ କହିଲେ କେଜାଣି ?
ଲାଗିଲା କହୁଛନ୍ତି
ଏ ପିଲା କି ସଂସାର କରିବ
ବାଉଳା ପବନ ପରି
ବାଟବଣା ହେଉଛି ଯୁବା ବୟସରେ ।
ଅଥଚ, ଶୁଣିଥିଲେ
ବୋଉ, କହିଥାନ୍ତା
କ'ଣ ମୁଠାଟେ ଖାଇ
ସକାଳୁ ଯାଇଥିଲା ଯେ,
ମୋ ବାୟାଟା ବୁଲୁଛି
ଭୋକ ଉପାସରେ ।

ପାଦକୁ ଲଗାମ୍ ଲଗାଇ
ଏଥର ଠିଆ ହୋଇଗଲି ସେଇଠି,
ଯେଉଁଠି ଅନ୍ଧାର ଓ ସ୍ୱପ୍ନ ସବୁ
ହାତ ଧରାଧରି ହୋଇ
ବାଟ ମୋର ଜଗିଥିଲେ
ରାତି ଅଧ ମଝି ଅଗଣାରେ ।।

ବାପା, ଆଉ ଆସନ୍ତି ନାହିଁ

ଆଜିକାଲି
ବାପା, ଆଉ ଆସନ୍ତି ନାହିଁ
ସ୍ୱପ୍ନରେ,
ସବୁଦିନ ପରି
ସେ ବଡ଼ ତାରାଟି ଆଉ
ଦିଶେ ନାହିଁ ଆକାଶରେ
ଯାହାକୁ ଦେଖିଦେଲେ
ଛୋଟ ପିଲା ପରି
ମନକୁ ବୁଝାଉଥିଲି ମୁଁ।
ଭାବିଲି, ଏତେ ଦିନ ପରେ
ବାପାଙ୍କର ମନେ ପଡ଼ିଗଲାକି ?
ମୋର କିଛି ଅମାନିଆପଣ
ଯେଉଁ କଥା ବାପାଙ୍କୁ ନୀରବରେ
ଆଘାତ ଦେଇଛି ବହୁବାର।
ନା, ବାପା କେବେ ବି
ରାଗି ପାରିବେନି ମୋ ଉପରେ
ତାଙ୍କର ନିଶ୍ଚୟ ମନେ ପଡ଼ିଯିବ
ପିଲାଦିନେ କୋଳରେ ବସେଇ
ସେ କେତେଥର ନ କହିଛନ୍ତି
ରାଗ ମଣିଷର ବଡ଼ଶତ୍ରୁ।

ଗଲାକାଲି ବର୍ଷା ରାତିର ଆକାଶରେ
ନା ଥିଲା ତାରା, ନା ସ୍ୱପ୍ନ
ଅଥଚ, ଆଜିର ଏ ସକାଳଟା
ଏତେ ବାପାମନସ୍କ କାହିଁକି ?
ହଠାତ୍ ଦଲକାଏ ଅମାନିଆ ପବନରେ
ଖୋଲିଗଲା ବାଡ଼ିଘରର କବାଟ,
ଆଉ ଆଖି ପଡ଼ିଲା
କେତେବେଳୁ ଶେଷଥର ପାଇଁ
ଡେଣା ଫଡ଼ଫଡ଼ କରି
ବୁଢ଼ିଆଣୀ ଜାଲରେ ଝୁଲି ପଡ଼ିଛି
ଗୋଟେ ନିରୀହ ପ୍ରଜାପତି ।
ଏଥର କାହିଁକି କେଜାଣି
ବାପାଙ୍କ ମୁହଁ ବେଶୀ ବେଶୀ
ପରିଷ୍କାର ଦିଶିଲା,
ମୁଁ କବାଟ ବନ୍ଦ କରି
ଲୁଚି ଲୁଚି ସାଇତି ଥିବା ବାପାଙ୍କ
ଗାମୁଛାରେ ଲୁହ ପୋଛିଲି ।।

ଅନୁଚ୍ଚାରିତ

ଭାଙ୍ଗି ଯାଇଥିବା
ଖଣ୍ଡ ଖଣ୍ଡ ଦର୍ପଣ କାଚ୍‌ରେ
ଲୁଚେଇ ରଖିଛ ଯା'ର ମୁହଁ
ସେ କ'ଣ ତୁମ ପ୍ରେମିକା ?
ନା, ଚାରି ଚଉତା ଛାତିର
ଲଫାପାରେ
ଧୂଳିରଂଗ ହେଲାଣି
ଯେଉଁ ଗୋଲାପି ରଂଗର ଚିଠି
କେଉଁ ପରୀର ସେ ସ୍ମୃତି ?
ପ୍ରଶ୍ନଟେ ପଚାରି ଦେବା
ବଡ଼ ସହଜରେ ଚକ୍ରଧର !
ଧାଡ଼ିଏ ଉତ୍ତର ପାଇଁ ତ
ସମୁଦ୍ର ମନ୍ଥନଟେ ଲୋଡ଼ା ।

ପୋଖରୀ ହିଡ଼ର
ସେ ଥୁଣ୍ଟା ଗଛକୁ
କିଏ ପଚାରିଲା କି ଥରେ
କାହିଁକି ଆସୁନାହାଁନ୍ତି ପକ୍ଷୀ,
ପ୍ରେମିକାର ସେ
ମେଘ ଭର୍ତ୍ତି ଆଖି ଦି'ଟା ଭିତରେ
କିଏ ଦେଖିପାରିଲାକି

ଗୋଟେ ଅସୀମ ଆକାଶ,
ନୀଡ଼ ବାହୁଡ଼ା ପକ୍ଷୀକୁ
କିଏ ପଚାରି ଶୁଣିପାରିଲା କି ?
ତା' ଏକ୍ଲା ହୋଇଯିବାର
କରୁଣ କାହାଣୀ ।

ସବୁଠି ଖାଲି
ଅଦୃଶ୍ୟ ଈଶ୍ୱରଙ୍କ
ଉଦାସ ଖେଳରେ ଚକ୍ରଧର !
ସବୁ ପ୍ରାର୍ଥନାରେ ଜଳଜଳ
ଦିଶି ଯାଉଛି ଆମ ବିଫଳତା,
ତଥାପି, ମନଖୋଲି ପଚାରି ଦେଲେ
କାହାର ଦୁଃଖ ଯଦି ଟିକେ
ଲାଘବ ହେଉଛିରେ ଚକ୍ରଧର !
ତୁ ପଚାରି ଚାଲ, ଗୋଟେ ପରେ ଗୋଟେ ପ୍ରଶ୍ନ,
ଆଉ ଅଜଣାଫୁଲର ମହକ ପରି
ଯା'ର ନୀରବ ଉତ୍ତର ସବୁ
ମିଳେଇ ଯାଉଥାଉ ଦିଗହରା ପବନରେ ॥

ଶବ୍ଦଯାତ୍ରା

କଇଁ ପୋଖରୀର
କଇଁଫୁଲ ତୋଳି
କେତେବେଳୁ ହସି ଖେଳି
ଫେରିଗଲେଣି ଲଙ୍ଗଳା ପିଲାମାନେ,
ଗଲାରାତିର ଜହ୍ନ
ଧିରେ ଧିରେ ଫିକା ହୋଇ
ହଜିଗଲାଣି ଆକାଶରେ।
ଶବଦାହ କରି
ଫେରିଥିବା ମାଲ ଭାଇମାନେ
ଗାଧୁଆ ପାଧୁଆ ସାରି,
ଜୀବନମରଣର କଥା ଭାଳି ଭାଳି
ଫେରିଗଲେଣି ଘରକୁ।
ଏବେ ପୋଖରୀ ହିଡ଼ର
ଖଜୁରୀ ଗଛର ବିଶ୍ୱସ୍ତ ଛାଇଟିଏ
ପରିଷ୍କାର ଦିଶୁଛି ପାଣିରେ।
ମୁଁ ସେମିତି କେତେବେଳୁ
ବସିଛି ଯେ ବସିଛି
ପୁରୁଷ ତୁଠର ପାହାଚରେ
ଆଉ ଭାବୁଛି ଲେଖିବି
ଗୋଟେ କବିତା ପାଣି ଉପରେ।

କୁନିଝିଅ କାଲି ସଂଜରେ
ଓଦା ହୋଇ ଫେରିଥିଲା
ଟିଉସନ୍‌ରୁ ।
ପତ୍ନୀ ଟିଭି ଦେଖୁ ଦେଖୁ କହିଥିଲେ
ଦେଖିଲଣି, ପାଣି ପାଇଁ କେତେ ହାହାକାର ।
କାଲି ଶବ୍ଦ ଖୋଜିଲା ବେଳେ
ମୁଁ ଦେଖିଥିଲି
କେମିତି ଗୋଟେ ଗୀତ ଗାଇ ଗାଇ
ନାଉରିଆ ନାଆ ଛାଡୁଥିଲା ଘାଟରୁ,
ଭାବିଲି, ନା
ପାଣିକୁ ନେଇ
କିଛି ବି ଲେଖି ହେବନି ।

ଝର୍କା ଦେଇ ଦେଖିଲି
କଳାମେଘ ଖଣ୍ଡେ
ଛାତି ଥରେଇ
ଦୁଲୁକୁଛି ଆକାଶରେ,
ରୋମାଞ୍ଚିତ ହେଉଛି
କଦମ୍ବ ଗଛରେ
ଚାତକ ସବୁ
ଉଡୁଛନ୍ତି ଏଣେ ତେଣେ
ସ୍କୁଲ ପିଲାମାନେ
ଉଚ୍ଚସ୍ୱରରେ ଗାଉଛନ୍ତି
ଆସଇ ବର୍ଷାକାଳ
ନିଦାଘ ଶେଷେ,
ମୁଁ ଅନ୍ୟମନସ୍କ ହେଲି
ଶବ୍ଦକୁ କହିଲି ନା,
ଆଉ କବିତା ହେବ ନାହିଁ ॥

ଭଉଁରି

ସବୁ ତୃଷାର୍ତ୍ତମାନଙ୍କୁ କିଏ
ହାତଠାରି ପଠେଇ ଦେଲା
ଶୁଖିଲା ନଈକୂଳକୁରେ ଚକ୍ରଧର !
ହତଭାଗ୍ୟ ବୋଲି କହି
ସେମାନଙ୍କ କପାଳରେ
କିଏ ପିନ୍ଧେଇ ଦେଲା
ପରାଜୟର ଟୀକା ।

ଏବେ କେଉଁ ମନ୍ଦିରର ଠାକୁରଙ୍କୁ ଲୋଡ଼ା
ଥାଳି ଥାଳି ଭୋଗରେ ଚକ୍ରଧର !
କେଉଁ ସନ୍ନ୍ୟାସୀକୁ ଲୋଡ଼ା
କାମଶାସ୍ତ୍ର ଭୋଗ ଓ ବିଳାସ,
କେଉଁ ମାଆକୁ ଲୋଡ଼ା
ଶହ ଶହ ଦୁର୍ଯୋଧନ
କେଉଁ ମାଟିକୁ ଲୋଡ଼ା
ମରୁଭୂମିର ଜୀବନ ।

ସବୁ ଖାଲି ଗୋଟେ ଚାଲାକି ମଣିଷର
ଚତୁରତା କି ଚକ୍ରଧର !
ସବୁଠି ଖାଲି ଗୋଟେ ପାପପୁଣ୍ୟ ନାଁରେ
ଚାଲିଛି କି ଲୁଚକାଳି ଖେଳ ।

ଏବେ ଦେଖ୍‌ରେ ଚକ୍ରଧର !
ସବୁ ସଂପର୍କ କିପରି ମାଟି ଅତଡ଼ା ପରି
ଖସି ପଡୁଛି ଛାତିତଳୁ ।
ସବୁ ସୁଖଶାନ୍ତି କେମିତି
ମାଟିହାଣ୍ଡି ପରି ଭାଙ୍ଗି ପଡୁଛି, ଆପଣା ଘର ଭିତରେ ।

ଆହା କରୁ କରୁ ଏଇ ସମୟ ବଢ଼ିଲା ନଈର
ଭଉଁରିରେ ଥରେ ପଡ଼ିଗଲେ,
ଆଉ ଉପରକୁ ଉଠି ହେବ କି ଚକ୍ରଧର !
ଥରୁଟିଏ ବୟସର ସିଡ଼ି ଚଢ଼ିଗଲେ
ଆଉ ଓହ୍ଲେଇ ହେବ କି ତଳକୁ,
ଛୁଇଁ ହେବ କି ଶୈଶବର ମାଟି ।।

ବାପା : ବର୍ଷା

ବହୁଥର
ବର୍ଷାରେ ଭିଜି ଭିଜି
ବାପା ଆସୁଥିଲେ ଘରକୁ,
ବହୁଥର ବର୍ଷାକୁ
ଆଖିରେ ସାଇତି
ବାପା ପୋଛି ଦେଉଥିଲେ
ଆମ ଆଖିର ଲୁହ।
ଆଉ ଯେତେବେଳେ
ବାପାଙ୍କ ଆଖି
ଛଳ ଛଳ ହେଉଥିଲା
ଆମେ ଓଦା ହେଉଥିଲୁ
ନୀରବରେ ଘର ଭିତରେ।
ଅଥଚ, ସବୁ ବର୍ଷାରେ ବାପା
ଆମ ଦେହ ପାଇଁ ବର୍ଷାତି
ଆଉ ମୁଣ୍ଡ ଉପର ଛତା ହୋଇ
ଠିଆ ହେଉଥିଲେ ଆମ ସାମ୍ନାରେ।

ଆମେ ବର୍ଷାରେ ଭିଜିଲେ
ବାପା, ଗାଳି କରୁଥିଲେ
ଅଥଚ, ଆମ ପାଇଁ ବରାବର
ଭିଜୁଥିଲେ ଅଭାବର ବର୍ଷାରେ।

ବହୁଥର ମୁଁ ବାପାଙ୍କୁ ଦେଖିଛି
ସେ କେମିତି
ଦୁଃଖର କଳା ମେଘକୁ
ଲୁଚେଇ ଦେଉଥିଲେ
ନିଜ ହୃଦୟ ଭିତରେ
ଆଉ ବିଜୁଳି ପରି ଯନ୍ତ୍ରଣାକୁ
ସହି ଯାଉଥିଲେ
ଗୋଟେ ପଥର ଛାତିରେ।

ଓଦା ସର ସର
ବାପାଙ୍କୁ ଦେଖିବା ବେଳେ
ମୁଁ ଅନେକଥର ଭାବିଛି
ଆସ ବୋଲି ଡାକି ଦେଇ
ବାପାଙ୍କୁ ପୋଛି ଦିଅନ୍ତି କି
ମୋ ଭଲପାଇବାର ଗାମୁଛାରେ,
ଜୋର୍‌ରେ ଜାବୁଡ଼ି ଧରନ୍ତିକି
ମୁଁ ବି ଅଧା ଓଦା ହେବାଯାଏଁ।
କେବେ ବି ପାରେନି
ବରଂ ବାପାଙ୍କ ଦେହରୁ
ଝରି ପଡୁଥିବା ଟୋପାଟୋପା ପାଣିରେ
ମୁଁ ଅସହାୟ କାଗଜ ଡଙ୍ଗାଟେ ହୋଇ
ବତୁରି ଯାଇଛି ବହୁବାର।
ଏବେ ବର୍ଷା ଆସିଲେ
ମୁଁ ଆନମନା ହେଉଛି
ଆଉ ଜାଣିଶୁଣି ଭିଜୁଛି
ନିଶ୍ଚୟ ବାପା ମୋତେ କୋଳେଇ ନେବେ
ଆଶୀର୍ବାଦର ଅସରାଏ ବର୍ଷାରେ॥

ଗୋଟେ ଛାଇ

ରାତି ପାହିଲେ
ଗୋଟେ ଛାଇ ଆସି
ଠିଆ ହେଉଛି ମୋ ସାମ୍ନାରେ,
ମାଗୁଛି ମୋ ପରିଚୟ
ମାପୁଛି ମୋ ଦେହର
ଦୈର୍ଘ୍ୟ, ପ୍ରସ୍ଥ ଉଚ୍ଚତା।
ପଚାରୁଛି କେତେ କ'ଣ ପ୍ରଶ୍ନ
ଯେଉଁଠି ମୁଁ
ନିର୍ବାକ୍ ଓ ନିରୁତ୍ତର।
ମୁଁ କ'ଣ ଜାଣିଥିଲି
ଏମିତି ସକାଳୁ ସକାଳୁ ଆସି
ମୋତେ ବିବଶ କରିବ
ଗୋଟେ ଛାଇ,
ଯିଏ ମାଗିବ ମୋ ପାପପୁଣ୍ୟର ହିସାବ
ଯିଏ ମନେ ପଡ଼ିବା ଦିନ ଠାରୁ
ପଚାରିବ ମୋର ଅସ୍ପଷ୍ଟ ଇତିହାସ।

ବଡ଼ ବିଚିତ୍ର ସେ ଛାଇ
କେତେବେଳେ ପ୍ରଗଲ୍‌ଭ ତ
ପୁଣି କେତେବେଳେ
ମୂକ ପରି କିଛି କୁହେ ନାହିଁ।

ସେ ଛାଇ
ଯିଏ ମୋତେ କାଠଗଡ଼ାରେ
ଠିଆ କରାଏ ତ,
ପୁଣି କେବେ ହାତଧରି
ମୋତେ ବୁଲେଇ ଆଣେ
ମୁଁ କେବେ ଦେଖିନ ଥିବା
ଗୋଟେ ବିଶ୍ୱ ବ୍ରହ୍ମାଣ୍ଡ।

କାହିଁକି କେଜାଣି
ସେ ନଛୋଡ଼ବନ୍ଧା ତା' ପ୍ରଶ୍ନରେ
ଯେଉଁଠି ମୁଁ କ୍ରମଶଃ ସଙ୍କୁଚିତ ହେଉଥାଏ
ଅସହାୟ ଓ ଅଶ୍ଳୀଳ ଆଖିରେ।
କାହିଁକି ମୁଁ ଏତେ ଡରେ ସେ ଛାଇକି ?
ଯିଏ ମୋତେ
ଛୁଇଁ ପାରେନାହିଁ,
ଅଥଚ, ମୋର ବାଟ ଓଗାଳି ଥାଏ
ସାରାଦିନ।

ସାହସ କରି ମୁଁ ତାକୁ
ପଚାରି ଦେବି ଭାବିଲା ବେଳକୁ
ଅନିଚ୍ଛାରେ ଫେରିଯାଉଥାଏ ସେ,
ଆଉ ମୁଁ ହତ୍ୟାକାରୀର
ହୃଦୟ ନେଇ
ନୀରବ ଓ ଆତଙ୍କରେ
ମୁଣ୍ଡପାତି ଠିଆ ହୋଇଥାଏ
ଫେରିଯାଉଥିବା ସେ ଛାଇ ପାଖରେ।।

ପ୍ରିୟତମା

ତୁମ ଆଖିର କଜ୍ଜଳରେ
ଖଣ୍ଡେ କଳାମେଘ,
ତୁମ ଲୁହରେ
ଅସରାଏ ଶ୍ରାବଣ
ଆଉ ତୁମ ହୃଦୟ ତ କାଳେ
ବହି ଯାଉଥିବା
ଗୋଟେ ପ୍ରେମର ବୈତରଣୀ।
ଏ କଥା ଜାଣିଥିଲେ
ମୁଁ କାହିଁକି ସମୁଦ୍ର କୂଳରେ ବସି
ଆଂଜୁଳାଏ ପାଣି ପାଇଁ
ଏଠି ଏମିତି ତହଳ ବିକଳ ହେଉଥାନ୍ତି
ଦିନ ଦ୍ୱିପହରେ।
ସବୁ ଭାଗ୍ୟ ପ୍ରିୟତମା !
ସବୁ କପାଳ ଲିଖନ।
ନହେଲେ ଛାଇ ଟିକେ
ଖୋଜୁ ଖୋଜୁ କ'ଣ
ସବୁ ଗଛ ଏକାଥରକେ
ଦେଉଥାନ୍ତେ ପତ୍ରଝଡ଼ା,
ନା, ପାନ୍ଥଶାଳାଟେ ଖୋଜୁ ଖୋଜୁ
ସବୁଦିନ ହାତ ଧରି ନିଅନ୍ତା
ଅସହାୟ ନୀରବ ଅଂଧାର।

କାହାକୁ ପଦେ
ପଚାରି ହେଲା କି ପ୍ରିୟତମା !
ସତ ସତ ଲାଗୁଥବା ସ୍ୱପ୍ନ ସବୁ
କାହିଁକି ଏତେ ମିଛ ।
ଆଉ ମିଛ ମିଛ ସଂପର୍କ ସବୁ
କାହିଁକି ଏତେ ଆପଣାର ।
ସାରା ଜୀବନ ବୁଝି ହେଲାନି
ନୀଡ଼ ଫେରନ୍ତା ପକ୍ଷୀର ଗୀତରେ
କାହିଁକି ଏତେ କରୁଣ ସ୍ୱର,
ଗୋଟେ ଗୁଡ଼ି ହୋଇ
ଉଡୁଥିବା ଆକାଶରେ
କାହିଁକି ଅଦିନିଆ ଝଡ଼ ।
ବୋଧହୁଏ ସବୁ
ନିୟତିର ଖେଳ ପ୍ରିୟତମା
ସବୁ ପ୍ରାରବ୍ଧ ।।

ଜୀବନ : ଚିତ୍ର

ତୁମେ
କଇଁଫୁଲଟେ ହୋଇ
ଫୁଟିଲା ବେଳକୁ
ବୁଡ଼ିଯାଇଥିଲା ଜହ୍ନ,
ତୁମେ ଅଂଧାର ହୋଇ
ଆସିଲା ବେଳକୁ
ପାହି ଯାଇଥିଲା ରାତି
ହଜି ଯାଇଥିଲେ ସବୁ ତାରା ।

ତୁମେ ଜାଣିଛ ?
ଗୋଟେ ଜହ୍ନରାତିର
ଲୋଭରେ
ମୁଁ କେତେ ସ୍ୱପ୍ନଙ୍କୁ
ଶୁଆଇ ଦେଇ ଆସିଛି
ଦୁଃଖର ଗଜଦନ୍ତ ପଲଙ୍କରେ,
ପ୍ରିୟତମ ଅନ୍ଧାରକୁ
ଅନ୍ଧ ପରି ଖୋଜି ଖୋଜି
କେମିତି ମୁଁ
ଧରା ପଡ଼ିଯାଇଛି
ନିଷ୍ଠୁର ସକାଳ ହାତରେ ।

ଏତେ ତୁମେ
ଯାହା କୁହ,
ମିଛ ମରୀଚିକା ପଛରେ
ଧାଇଁଲି ବୋଲି ତ,
ବୁଝିଲି ଆଂଜୁଳାଏ
ପାଣି କେମିତି
ପାଲଟି ଯାଏ ଅମୃତ,
ଆଉ ଆଇନା ସାମ୍ନାରେ
ଠିଆ ହେଲି ବୋଲି ତ ଜାଣିଲି
ଗୋଟେ ହସ ହସ ମୁହଁ ପଛରେ
କେମିତି ଠିଆ ହୋଇଥାଏ
ଗୋଟେ କାନ୍ଦୁରା ମଣିଷ ॥

ବିସ୍ମରଣ

କିଛି କହିଦେବ ବୋଲି
ଗଲାକାଲି ବର୍ଷାରେ
ଭିଜିଭିଜି ଆସି
ଯିଏ ଠିଆ ହେଲା
ତୁମ ଅଗଣାରେ,
ତୁମେ ବୁଝିପାରିଲନି
ତା' ପାଣିଚିଆ ଆଖିର ଭାଷା ।
ଅଥଚ, ନୀରବରେ
ସେ ଫେରିଗଲା ପରେ କହିଲ
ମୋତେ ବେଶୀ ଭଲ ଲାଗେ
କଳା କଳା ମେଘ
ଅସରା ଅସରା ବର୍ଷା
ଓଦା ଓଦା ମାଟିର ବାସ୍ନା ।

ଯେଉଁ ଫୁଲଗଛଟି
ମରିଗଲାଣି କେତେ ମାସ ହେଲା
ତୁମେ ତାକୁ ଭୁଲିଗଲଣି
ଆଉ ଯେଉଁ ଗଛରେ
ଏବେ କିଛିଦିନ ହେଲା
ଆଉ ଫୁଟୁନାହିଁ ଫୁଲ
ତମର କ'ଣ ମନେ ଅଛି

ତା' କଥା ?
ଅଥଚ, ସେ ଦିନ ଦରଦୀ କଣ୍ଠରେ
ଗୋଟେ କବିତା ଆସରରେ
ପଢ଼ି ଦେଇ ଆସିଲ
ଫୁଲ ମୋର ପ୍ରେମିକା
ଫୁଲ ମୋର ଜୀବନ
ଫୁଲ ମୋର କବିତା ।

ଯେଉଁ ଆଦିମ ଗୀତଟି
ରାତିରେ ତୁମକୁ
ବାରମ୍ବାର ଶୁଭେ
ତା'ର ପଦେ ବି ତୁମର ଆଉ
ମନେ ପଡୁନାହିଁ,
ଯେଉଁ ସ୍ୱପ୍ନ ସବୁକୁ
ସତ ବୋଲି ସ୍ୱୀକାର କରୁଥିଲ
ସମସ୍ତଙ୍କ ସାମ୍ନାରେ
ତାକୁ ଭୁଲିଗଲଣି କେଉଁ ଦିନୁ ।
ଜୀବନ ସାରା କହିଆସିଲ
ରାତି ମୋର ଶତ୍ରୁ
ସବୁ ଅଂଧାର ବଡ଼ ଅବିଶ୍ୱାସୀ
ଅଥଚ, ଆଜି କହୁଛ,
କିଏ ଟିକେ ହାତ ଧରିଦେଲେ
ମନ ଭରି ବୁଲି ଆସନ୍ତି
ଏ ସ୍ୱପ୍ନବୋଳା ଜହ୍ନରାତିର
ଝାପ୍‌ସା ଝାପ୍‌ସା ଅଂଧାରରେ ।।

ଘରଚଟିଆ

ଦିନେ ଦିନେ
ମୋତେ ଗଛ କରି
ଘରଚଟିଆ ସବୁ
ଆସି ବସନ୍ତି
ମୋ ହାତରେ, କାନ୍ଧରେ ମୁଣ୍ଡରେ,
ଆଉ ନିଜ ନିଜ
ଦୁଃଖ ସୁଖର କଥାରେ
କେବେ କମ୍ପେଇ ଦିଅନ୍ତି ଘର ତ
ପୁଣି କେତେବେଳେ
ଠିକ୍ ମୂକ ପରି ନୀରବ ।
ଦିନେ ଦିନେ ମୁଁ
ଘରଚଟିଆଙ୍କ ଡେଣାରେ ବସି
ଆକାଶରେ ବୁଲେ
ନିଜକୁ ଭୁଲେ,
ପୁଣି ଦେଖିଲା ବେଳକୁ
ମାଟିମନସ୍କ ମଣିଷଟେ ମୁଁ
ମାଟି ଉପରେ ଠିଆ ହୋଇ
ନିଜକୁ ଧିକ୍କାର କରେ ।

ଦିନେ ଦିନେ
ଘରଚଟିଆ ସବୁ

ଧୂଳି ଖେଳନ୍ତି ଦାଣ୍ଡରେ
ଆମେ ଝର୍କା ଖୋଲି
ଆକାଶକୁ ଚାହୁଁ
ତିଆରି କରୁ କାଗଜ ଡଙ୍ଗା
ଆମ ସ୍ୱପ୍ନକୁ ସାକାର କରି
ଘରଚଟିଆ ସବୁ ଫୁର୍ କରି
ଉଡ଼ିଯାଆନ୍ତି ଘର ଭିତରକୁ ।
ଥରେ ଥରେ ଅନେକ ଦିନ ଧରି
ଆଉ ଆସନ୍ତି ନାହିଁ ସେମାନେ
ସୂଚନା ଦେଇ ଯାଆନ୍ତି
ବିପଦ ଆସୁଛି ଘରକୁ,
ଆମେ ଭୟଭୀତ ହେଉ
ବ୍ୟାକୁଳ ହୋଇ ଖୋଜୁ
ଅଥଚ଼ ସେମାନେ ନଥାନ୍ତି
ଆମ ପରିଚ଼ିତ ଆକାଶରେ ।

ଘରଚଟିଆ ମାନେ
ଆପଣାର ବଂଧୁ ପରି
ଆମକୁ ଦେଖନ୍ତି, ବୁଝନ୍ତି,
ଅଥଚ, ଆମେ ଦିନେ ଦିନେ
ନିଷ୍ଠୁର ହୋଇ
ଅମଣିଷ ପରି ଯା' କହି
ଭାଙ୍ଗି ଦେଉ ତା'ର ବସା,
ସେ ବେଘର ହୁଏ
ଆମେ ଭୁଲିଯାଉ ।
ଘରଚଟିଆ କିନ୍ତୁ ଆମ ଅଲକ୍ଷ୍ୟରେ
ସବୁଥର ଡମ ଆମପରି
ଗୋଟେ ନିରାପଦ ଘର ଖୋଜୁଥାଏ ।।

ଅସମୟ

ଦେଖୁ ଦେଖୁ
ସନ୍ଦେହର ଅବିଶ୍ରାନ୍ତ ବର୍ଷାରେ
ଧୋଇ ହୋଇ ଯାଉଛି
କେତେ କେତେ ସଂପର୍କର ରାସ୍ତା,
ସାମାନ୍ୟ ଅବିଶ୍ୱାସରେ
ଦର୍ପଣର କାଚପରି
ଖଣ୍ଡଖଣ୍ଡ ହୋଇ ଭାଙ୍ଗି ଯାଉଛି
ଯୁଗ ଯୁଗର ଭଲପାଇବା ।
ଅଗନା ଅଗନି ବନସ୍ତର
ଅମାନିଆ ନିଆଁରେ
ଶୁଖିଲା ପତ୍ର ପରି
ପୋଡ଼ିଯାଉଛି ବାକି ଦିନର
ଅସହାୟ ଆୟୁଷ ।

ଟୋପାଏ ଲୁହରେ
ବୁଡ଼ିଯାଉଛି
କେତେ କେତେ ଦୀର୍ଘଶ୍ୱାସ,
ଭିଜାମାଟିର ବାସ୍ନାରେ
ମିଳେଇ ଯାଉଛି
ବାସର ରାତିର ବାସ୍ନା ।
ଦାଣ୍ଡଦୁଆର ମାଟି ପିଣ୍ଡାରେ

ଗତକାଲି ପରି ଆଜି ବି
ନୀରବରେ ଠିଆ ହୋଇଛି
ପୁରୁଣା ଦୁଃଖ ।

ଏବେ ସ୍ୱପ୍ନ ପାଖରେ
ନିଅଣ୍ଟ ପଡୁଛି ରାତି
ଜହ୍ନ ଆଲୁଅକୁ
ଅଭାବ ପଡୁଛି ଅଂଧାର ।
ହଜିବାକୁ ବାହାରିଲା ବେଳକୁ
ପାହିଯାଉଛି ରାତି ।
ଆଉ ଏତିକି ବେଳେ
ଭାଗ୍ୟ ତ ବନିଶୀ ଧରି ବସିଛି
ଶୂନ୍ୟତାର ନଈକୂଳେ
କିଛି ଦୃଶ୍ୟ କିଛି ଅଦୃଶ୍ୟରେ ॥

ଭୋକ

ମୁଁ ତାକୁ ଭେଟିଛି
ଅଗନା ଅଗନି ବନସ୍ତରେ
ଲାଗିଥିବା ନିଆଁର ଆଁରେ,
ତାକୁ ଦେଖିଛି
ଅଶାନ୍ତ ସମୁଦ୍ରର
ସାଦର ନିମନ୍ତ୍ରଣରେ,
ବହୁଥର ଅଣଚାଶ ପବନରେ ତ
ଅନେକ ଥର
ବଢ଼ିଲା ନଈର ଭଉଁରିରେ।
ସବୁଠି ଖାଲି
ଭୋକିଲା ଭୋକିଲା ପେଟ ଭିତରେ
ଅହରହ ଉଦଣ୍ଡ ନୃତ୍ୟ।

ମୁଁ ଦେଖିଛି
ସେ ଭୋକକୁ
ପ୍ରେମିକାର ଛଳଛଳ ଆଖିରେ,
ଅଭାବୀ ମଣିଷର
ଅସହାୟ ମୁହଁରେ
ଭିକାରିର ଭାଗ୍ୟରେ,
କେବେ ପୁଣି
ତପସ୍ୱୀର ତପସ୍ୟାରେ।

ଯେଉଁଠି ନୀରବତାର କୋଳାହଳ
ସେଇଠି ନାଟ ରଚୁଥାଏ ଭୋକ
କେବେ ପେଟରେ ତ,
କେବେ ପଲଙ୍କରେ
କେବେ ଫୁଲରେ ତ,
କେବେ ପ୍ରଜାପତିର ଓଠରେ ।
ସତରେ, ଭୋକ ଗୋଟେ
ଏମିତି ଅଂଧାର,
ଯିଏ ଅନେକ ଜହ୍ନରାତିକୁ
କୁଆଡ଼େ ହଜେଇ ଦେଇ
ରାତି ରାତି ପ୍ରତୀକ୍ଷାରେ
ବାରମ୍ବାର ରହେ ଉଜାଗର ।।

ତୁମେ ଯେବେ ଆସୁଥିଲ

ଅମାନିଆ ପବନ ବି
ଭାଙ୍ଗିଦିଏ ଧାଡ଼ି ଧାଡ଼ି
ସଂପର୍କର କାଚର ପାଚେରି
ଆମାନିଆ ବୟସ ବି
ହସିହସି ବସିଯାଏ
ପୀରତିର ଘୋଡାଗାଡ଼ି ପରେ,
ତୁମେ ଯେବେ ଆସୁଥିଲ
ସବୁକଥା ପଛରେ ପକେଇ
ସମୟର କାଗଜଡଂଗାରେ
ନୂଆ ନାଉରିଆ କିନ୍ତୁ ଜଗିଥିଲା ଘାଟ
ବିଶ୍ୱାସର ବଢ଼ିଲା ନଈରେ ।

ନଈ ଯେବେ ଲଂଘୁଥିଲା
ଦୁଇକୂଳ ତା'ର
ଆଶା ସବୁ ଭାସୁଥିଲା
ଅସହାୟ କୁଟାଖଣ୍ଡେ ପରି,
ତୁମେ ଯେବେ ଆସୁଥିଲ
ଭୟଙ୍କର ଭଉଁରିଟେ ହୋଇ
ସ୍ୱପ୍ନ ସବୁ ନଈପାର ହେଉଥିଲେ
ଅଂଧାରର ହାତ ଧରି ଧରି ।

ବର୍ଷା ଛାଡିଗଲା ପରେ
ନଈରେ ନ ଥିଲା ପାଣି
ଜୀବନ ଯମୁନା କୂଳେ
ହତାଶାର ଖାଲି ବାଲିଚର,
ତୁମେ ଯେବେ ଆସୁଥିଲ
ଲୁଚି ଲୁଚି ମେଘ ସବାରିରେ
ନୂଆ ନୂଆ ପ୍ରେମିକାଟେ ପରି
ମତେ ଖାଲି ଲାଗୁଥିଲା ଡର ॥

ବର୍ଷା ପରେ

ଅସରାଏ ବର୍ଷା ପରେ
ଏବେ ପରିଷ୍କାର ଦିଶିଲାଣି ଆକାଶ
ଦୁଇ ଚାରିଟା ଶବ୍ଦ
ଧରା ପଡ଼ିଯିବା ପରେ
ବେଶି ବେଶି ଫିଟିପଡ଼ିଲାଣି
କବିତାର ଧାଡ଼ି।

ଆହା, ଦେଖୁ ଦେଖୁ
ହତଭାଗ୍ୟ ଚାଷୀର ଫସଲକୁ
ଖାଇଯାଉଛନ୍ତି ଦଳ ଦଳ ପଙ୍ଗପାଳ।

ମଝି ନଈରେ
ନାଉରିଆର ଫୁଟା ଡଙ୍ଗାରେ
ପଶିଯାଉଛି ପାଣି।

କେଉଁ ଅନାଥର
ନୁଆଁଣିଆ ଚାଳଘରେ
କୁହୁଳୁଛି ସର୍ବଗ୍ରାସୀ ନିଆଁ।

ସେ ପାଖରେ ଗାଁ ମନ୍ଦିରରୁ
ବେଶି ବେଶି ଶୁଭୁଛି

ଘଣ୍ଟ, ଘଣ୍ଟା, ଖୋଳତାଳର ଶବ୍ଦ
ଭକ୍ତମାନଙ୍କର ଗହଣରେ
ମୁରୁକି ହସୁଛନ୍ତି
ଆମ ଦୟାମୟ ଈଶ୍ୱର ।

ଝିପିଝିପି ହେଲା ପରେ
ଏବେ ତୁହାକୁ ତୁହା ବର୍ଷା
ଦୁଇ ଚାରିଟା ଘଡ଼ଘଡ଼ି ପରେ ପରେ
ଏବେ ସବୁ କିଛି ନୀରବ,
ଦୂରରୁ ଯାହା ଅସ୍ପଷ୍ଟ ଦିଶୁଛି,
ଦୁଇଚାରିଟା ଥୁଣ୍ଟାଗଛ,
ଗାଁ ଦେଉଳର ପତିତପାବନ ପତାକା ।।

ଦୀପଟିଏ ଜାଳିଦିଅ

ଦୀପଟିଏ ଜାଳିଦିଅ
ଭରିଯାଉ ଆଲୁଅରେ
କୋଟିଭଗ୍ନ ହୃଦୟର
ଅସୀମ ଆକାଶ,
ଯେତେ ଯେତେ
ଅଭିଶପ୍ତ ଅମାରାତି
ଗର୍ଭବତୀ ହେଉ ଆଲୋକରେ ,
ଦୀପଟିଏ ଜାଳିଦିଅ
କେତେ କେତେ ସଂଚିତ
ପୁଣ୍ୟର ସଂଜବତୀ ସବୁ
ପ୍ରତି ସଂଜେ ଜଳିଯାଉ
ଅସରନ୍ତି ଭଲ ପାଇବାର
ଓଦା ଓଦା ଚଉରା ମୂଳରେ ।

ଯେତେ ସବୁ ଅବିଶ୍ୱାସ
ପାଚେରି ଉପରେ
ଧାଡି ଧାଡି ଜାଳିଦିଅ
ଲୁହ ଭର୍ତ୍ତି ବିଶ୍ୱାସର ଦୀପ
ଈଶ୍ୱରଂକ ମୁହଁପରି
ସବୁ ମଣିଷର ମୁହଁ
ହେଉ ଆଲୋକିତ,

ମନ୍ଦିରର ସଂଜ ଆଳତୀରେ
ଶେଷ ହୋଇଯାଉ ଥରେ
ଯୁଗ ଯୁଗ ଧରିଥିବା
ଏ ବିଚିତ୍ର ବିଷାଦ ଅଂଧାର
ବଳକା ଆୟୁଷ ନେଇ
ସବୁ ପଥ ହେଉ କୁସୁମିତ ॥

ପ୍ରଜାପତି

ଏଠି ସବୁ ପେନ୍ଥା ପେନ୍ଥା
ପ୍ଲାଷ୍ଟିକ୍‌ର ଫୁଲ
ମାଳୀର ମୁହଁରେ ମୁଖା
ଛଳନାର ପାଣିଚିଆ ହସ,
ଏଠି ଏଇ ବଗିଚାରେ
କାଗଜର କୁଣ୍ଡ
ସବୁ ଫୁଲଙ୍କ ଓଠରେ
ମହୁପରି ମହୁଲିର ରସ ।

କେଉଁଠି ଉଡ଼ିବୁ କହ
ସବୁ ପବନ କାନ୍ଥରେ
ଝୁଲୁଅଛି ଚକ୍‌ଚକ୍
ପ୍ରତାରଣା ଛୁରୀ,
କେଉଁଠିକୁ ଫେରିଯିବୁ
ଡେଣାକଟା ଶିକାରୀର
ନିଷ୍ଠୁର ଆଖିରୁ ଖସି
ଅଦୃଶ୍ୟ ତା ଜାଲରୁ ବାହାରି ।

ସବୁଠାରେ ମିଛ ମାଟି
ଅତରର ବାସ୍ନା ସାଥେ
ବଗିଚାର ଭ୍ରମ ଆଣେ
କୁହୁକିନୀ ରହସ୍ୟ ନଗରୀ,
କେଉଁଠି ମାରିବୁ ଥକ୍କା
ସବୁ ଗଛପତ୍ର ଏଠି
ଭୀଷଣ ଓ ଭୟଙ୍କର
ଗୋଟେ ଗୋଟେ ମାୟାର ଭଉଁରୀ ॥

ପାଦ

କାଲେ ବାଟବଣା
ହୋଇଯିବ ବୋଲି
ଏବେ ଆଉ ଆଗକୁ
ବଢୁନି ଏ ଅମାନିଆ ପାଦ,
ଆଉ ଅବାଟରେ ଗଲେ ତ
ତା' ପାଇଁ ସ୍ୱପ୍ନ ପାଲଟିଯିବ
ତା'ର ଇପ୍‌ସିତ ସ୍ୱର୍ଗ ।
ଏମିତି ଗୋଟେ ଭୟ
ପାହାଡ଼ ପରି ତା' ସାମ୍‌ନାରେ
ଠିଆ ହୋଇଛି ବୋଲି ତ,
ଲାଗୁଛି ସେ କେତେବେଳେ
ପାଲଟି ଯାଉଛି ପାଣି ତ
କେତେବେଳେ ବରଫ ।

କେଉଁ ଏକ ଅଦୃଶ୍ୟ
କଦମ୍ବବନରୁ
କ୍ଷୀଣ ବଂଶୀସ୍ୱନଟିଏ
ଭାସି ଆସୁଥାଏ ବୋଲି,
ଏ ପାଦ ଯିଏ ବାରମ୍ବାର
ପହଞ୍ଚିଯାଏ ପୁଣି
ଅପହଞ୍ଚ ହେଉଥାଏ

ତାକୁ ଡାକି ଦେଇ
ଲୁଚି ଯାଉଥିବା ସେ
ପ୍ରେମ ପାଖରେ।

ଏ ପାଦକୁ ନେଇ
ଅନେକ କଥା ଅନେକ କାହାଣୀ
ଯିଏ କେବଳ ଗଛ ପରି
ଭୂମିଲଗ୍ନା ହୋଇଯିବା ଜାଣେ
ଆଉ ଉଡ଼ାଣର କଳା କି କୌଶଳ
ଜାଣେ ନାହିଁ ବୋଲି
ଖାଲି ଭୋଗେ
କଣ୍ଟା ଫୁଟିଯିବାର ଦୁଃଖ,
ଆଉ ଅହରହ ଦେଖୁଥାଏ
ଜହ୍ନରାତିର ଆକାଶ
ପରୀ ରାଇଜର ସ୍ୱପ୍ନ॥

ଆଉ କିଛି ଦୁଃଖ

ଦିନସାରା
ବାଦୁଡ଼ି ପରି ଝୁଲୁଥିବା
ଦୁଃଖ ସବୁ,
ସଂଜ ଆସିଲେ
ଆକାଶର ତାରା ହୋଇ ଝୁଲୁଥାନ୍ତି
ଆଶାର ଅଂଧାରରେ ।

ବିଚିତ୍ର ସେ ଦୁଃଖ
କଳା ରଂଗର
କ୍ଷତ ହୋଇ
ଯିଏ ରାତିସାରା
ରଂଗୀନ କରୁଥାଏ ମୋ ଜୀବନ ।

କେବେ କେବେ
ଦୁଆର ବଂଧରେ ପ୍ରତୀକ୍ଷା
ତା'ର ମୋ ପାଇଁ,
ଯା'ର ଆଲୋକିତ
ଆଲିଙ୍ଗନରେ ମୁଁ
ଛାଇର ରଂଗ ପରି
ପାଲଟି ଯାଉଥାଏ ମେଘବର୍ଣ୍ଣା,
ଆଉ ସେ ଧାରେ

ହସର ଆଲୁଅ ହୋଇ
ଚାଲି ଯାଉଥାଏ
ମୋ ଦୀର୍ଘଶ୍ୱାସର
ଭଂଗା ଝର୍କା ଫାଙ୍କରେ ।

ଦିନେ ଦିନେ
ମୁଁ ଲୋଡ଼େ ସେ ଦୁଃଖକୁ
ଆଖିର ଅଦେଖା ଲୁହରେ
ଧୋଇ ଧାଇ ତାକୁ
ବସାଇ ଦେବାକୁ
ମୋ ଶୂନ୍ୟ ହୃଦୟର
ପୂର୍ଣ୍ଣ ଫୁଲ ଝୁଲଣାରେ ।
ଅଥଚ, ସେ ଆସେ ନାହିଁ
ସେ ଦିନ,
ଯେଉଁ ଦିନ ସେ
ଓଦା ଓଦା ମେଘ ପିଠିରେ ବସି
ଚାଲି ଯାଉଥାଏ
ଆଉ କେଉଁ ଦୁଃଖୀର
ଇସାରାରେ
ରାତିଅଧରେ ଏକାନ୍ତରେ ।।

ଯାତ୍ରା

ଆଉ ଟିକେ ପରେ
ଘାଟରେ ଲାଗିବ ନାଆ,
ତା'ପରେ କିଏ କେତେ କଥା
ପଚାରିବେ ନାଉରିଆକୁ,
କିଏ ପଚାରିବ,
କେତେବେଳେ ଛାଡ଼ିବ ନାଆ
କେତେ ଗଭୀର ଏ ନଈ
କେତେ ସମୟ ଲାଗିବ
ସେ ଘାଟରେ ପହଞ୍ଚିବାକୁ ନାଆ
ଏକାଥରକେ
କେତେଜଣ ବସିବେ ନାଆରେ
କିଏ ପୁଣି ପଚାରିବ
ସଂଜ ପୂର୍ବରୁ ସରିଯାଇଥିବ ତ
ଆମ ଯାତ୍ରା ।

ସବୁ ଶୁଣିବା ପରେ ବି
କିଛି କହୁନଥିବ ନାଉରିଆ
ଚାହୁଁ ଚାହୁଁ ଘାଟ ଛାଡ଼ିବ ନାଆ
ଅଥଚ, ନାଉରିଆ ହାତରେ ନଥିବ
କାତ କି ଆହୁଲା ।
ସଭିଏଁ ବସିଥିବେ ପବନ ବେଗରେ

ଭାସି ଯାଉଥିବା ନାଆରେ,
କେହି କେହି ଗାଉଥିବେ ମନବୋଧ ଚଉତିଶା ତ,
କିଏ ଟୀକା ଗୋବିନ୍ଦଚନ୍ଦ୍ର,
କେହି କେହି ନୀରବରେ ବସି
ହାତ ମାରୁଥିବେ କପାଳରେ,
ନିଜ ଦେହରେ ଥରେ ହାତ ବୁଲେଇ
କେହି କେହି ଖୋଜୁଥିବେ ଅତୀତ,
ଅଥଚ, ହଠାତ୍ ସବୁ କଥାରୁ ମୁକୁଳି
କେହି ଜଣେ କହୁଥିବ ଦେଖ ଦେଖ
ବିନା ନାଉରିଆରେ କେମିତି ଚାଲିଛି ନାଆ ॥

ଚିତ୍ର

ହସ୍ତାକ୍ଷର ଲେଖିସାରି
ବର୍ଷାରେ ଭିଜିଭିଜି
ପିଲାମାନେ ଖେଳୁଥାନ୍ତୁ
ସ୍କୁଲ ପଡ଼ିଆରେ ।

ଆଖି ଭର୍ତ୍ତି ଧାନ କିଆରିକୁ
ଜଗିଥାଉ ପାଳଭୂତ,
ଗାଈଗୋରୁ ଚରିଯାଉଥାନ୍ତୁ
ସବୁଜ କ୍ଷେତରେ ।
ମୁଣ୍ଡରେ ହାତଦେଇ ବସିଥାଉ ଚାଷୀ ।

ଗାଁ ପୋଖରୀର ମାଛଚୋରକୁ କେନ୍ଦ୍ର କରି
ସାହି ସାହି ଭିତରେ
ଲାଗିଥାଉ ହଣାକଟା,
ଦେଉଳରେ ଲାଗିଥାଉ
ଭୋଗରାଗର ଆୟୋଜନ
ଗାଁ ମୁଣ୍ଡରେ ନୀରବରେ ବସିଥାନ୍ତୁ
ଆମ ବିଶ୍ୱାସର ପ୍ରିୟ ଈଶ୍ୱର ।

ଭୋକିଲା ଛୁଆର କାନ୍ଦରେ
ଫାଟି ପଡୁଥାଉ ବସ୍ତି

ଥୁଣ୍ଟାଗଛରେ କଅଁଳୁ ଥାଉ ପତ୍ର,
ସବୁଦିନ ସିନ୍ଦୂରା ଫାଟୁଥାଉ
ପୂର୍ବ ଆକାଶରେ,
ସବୁ ସୂର୍ଯ୍ୟାସ୍ତ ପରେ
ବେଶି ବେଶି ଆଲୋକିତ ହେଉଥାଉ ଜହ୍ନରାତି ।

ଲୁହ ଲହୁ ଶୁଖିଯିବା ପରେ
ସଂଜବତୀ ଜଳୁଥାଉ
ଆଶ୍ୱାସନାର ଚଉରା ମୂଳେ,
ସବୁ ଦୃଶ୍ୟକୁ ମନେ ପକାଇ
ଝରିକାନ୍ଥ ଭିତରେ ବସି
ଚିତ୍ର ସବୁ ଆଂକୁଥାଉ
ଝରିଦିନର ଚିତ୍ରକର ।।

ଅଂଧାର

ଅଂଧାର ବି ଚୋରି ହୁଏ
ଆଜିକାଲିର ରାତିରୁ,
ଆକାଶରେ ବିକ୍ରି ହୋଇଯାଏ ଜହ୍ନ
ଆଉ ଦୀପାଳି ସବୁ
ବୋଲକରା ହୋଇ
ଲୁଚିଯାଆନ୍ତି ନିଜ ପାଦତଳେ।

କୁଆଡ଼େ ଥାଏ ଏତେ ଆଲୁଅ
ଭାସି ଆସେ ଶୀତୁଆ ପବନରେ
ନିଦୁଆ ଆଖିରେ
ବାଦୁଡ଼ିର ଡେଣାରେ
ଶେଯର ଚାଦରରେ
ଅଧରାତିର ସ୍ୱପ୍ନରେ ତ
ପାହାନ୍ତିଆର ଓଠରେ।

ରାତି ଆଉ କ'ଣ
ରାତି ହୋଇଥାଏ
ସଂଧ୍ୟା ନଇଁଗଲେ,
ନା, ଅଂଧାର ଆଉ
ଅଂଧାର ହୋଇ ରହେ
ଭୋର ହେବା ଯାଏଁ।

ଏବେ ସବୁଠି ଆଲୁଅ
ଗୁମ୍ଫା ଭିତରେ
ଗମ୍ଭୀରି ଘରେ
ଗାଧୁଆ ତୁଠରେ
ଗୋଲାପର ପାଖୁଡ଼ାରେ
ଗହମ କ୍ଷେତରେ
ଏମିତିକି ଗଉଡ଼ପିଲାର ଗୀତରେ ।

ଆଉ ଅଂଧାର
ଲୁଚି ବସିଛି
ସନ୍ଦେହର ଘାଟରେ
ଅବିଶ୍ୱାସର ପଡ଼ିଆରେ
ହିଂସାର ଦାଣ୍ଡପିଣ୍ଡାରେ
ଈର୍ଷାର ଅଗଣାରେ ତ
ଆଉ ସିନ୍ଦୂରା ଫାଟି ଆସୁଥିବା
ମୋହମାୟାର ପୂର୍ବ ଆକାଶରେ ।।

ସମ୍ଭାବନା

ଏ ବର୍ଷ ନୂଆ କରି
ଅଗଣାର ସଜନା ଗଛଟା
ଫୁଲ ଧରିଛିରେ ଚକ୍ରଧର !
ଏ ବର୍ଷ ବି ସବୁଦିନ ପରି
ଦାଣ୍ଡ ଦୁଆରେ ଠିଆ ହୋଇଛି ଦୁଃଖ,
ଏବେ କାହାକୁ ଆ' ବୋଲି ଡାକିଦେଇ
ବସେଇ ଦେବି ହୃଦୟର ସିଂହାସନରେ,
କାହାକୁ ଯା' ବୋଲି କହିଦେଇ
କବାଟ କିଳିଦେବି ରାତି ଅଧରେ ।

ଏବେ କାହାକୁ ପିଠି କରିଦେଲେ ତ
ଉଚ୍ଚାଟ ହେଉଛି ମନ,
ପୁଣି କାହାକୁ ସାମ୍ନା କଲେ ତ
ଖଣ୍ଡ ଖଣ୍ଡ ହୋଇ ଭାଙ୍ଗିପଡୁଛି ହୃଦୟ ।
ଏ ଅଂଧାର ଆଲୁଅର
ଲୁଚକାଳି ଭିତରେ

ଆଉ କେତେଦିନ ଭାଗ୍ୟ, ଭଗବାନ ଓ ଭବିଷ୍ୟତକୁ
ଅପେକ୍ଷା କରିବୁ ଚକ୍ରଧର !
କେତେଦିନ ସୁନାପକ୍ଷୀ ପଛରେ ପଡ଼ି
ବାଉଳା ହେବୁ ଏ ସଂସାରରେ ।
ଏଇଠି ତ ହାଟକୁ ଯାଉଥିବା ପୁଅ
ହଜି ଯାଉଛି ବାଟରେ,
ଘାଟକୁ ଜଗିଥିବା ନାଉରିଆ
ଭାସିଯାଉଛି ଜୁଆରରେ ।

ପାରିବୁତ, ଏବେ ଗୋଟେ ଗୁଡ଼ି ପରି
ପବନରେ ଉଡ଼େଇଦେ'
ଯେତେ ସବୁ ପରିଚିତ ଦୁଃଖରେ ଚକ୍ରଧର !
ଗଛପରି ମାଟିରେ ପୋତି ଦେ
ମରି ମରି ଆସୁଥିବା
ଯେତେ ସବୁ ସଂଭାବନା ।।

ଦିନେ ଦିନେ

ଦିନେ ଦିନେ
ସେ କାନ୍ଦୁରା ମୁହଁ ସବୁ
ଆସି ଠିଆ ହୁଅନ୍ତି
ମୋ' ସାମ୍‌ନାରେ,
ଯେତେବେଳେ ଏ ମାମୁଲି
ହାତ ଦି'ଟା
ପୋଛି ପାରେନି ସେମାନଙ୍କ ଲୁହ।
ମୂକ ବାଷ୍ପରୁଦ୍ଧ କଣ୍ଠ
କହିପାରେନି ପଦେ ଆହା।
ଆଉ କାନ କ'ଣ କାନ ହୋଇଥାଏ ଯେ,
ଶୁଣିପାରନ୍ତା ସେମାନଙ୍କ ଦୁଃଖ।
ଠିକ୍ ସେତେବେଳେ
ମୋତେ ଲାଗେ,
ମୁଁ କେମିତି ଗୋଟେ ମଣିଷରୁ
ଧିରେ ଧିରେ ପାଲଟି ଯାଉଥାଏ ଅମଣିଷ
ଆଉ ଅମଣିଷ ଭିତରୁ
ଏ ଜୀବନ ପାଲଟି ଯାଉଥାଏ ଧିକ୍।

ସେ କାନ୍ଦୁରା ମୁହଁ ସବୁ
ମୋ' ଛଳନାର ଜୀବନକୁ
ଛି କରିଦେଇ

ଫେରିଯିବାକୁ ବାହାରନ୍ତି
ଯେତେବେଳେ,
ସେତେବେଳେ ଅନେକ ଦିନର
ସାଇତା ମୋ ଅହଂକାରର ମୁକୁଟ
ତଳେ ପଡ଼ି ମାଟି ହୋଇଯାଉଥାଏ
ମାଟି ଉପରେ ।

ଏ ଥର ମୁଁ ଦ୍ୱିପହର
ଛାଇ ପରି ସଂକୁଚିତ ହୋଇ
ଲୁଚିବାକୁ ଚେଷ୍ଟା କରେ
ମୋ’ ପାଦତଳେ,
ଆଉ କାନ୍ଦୁରା ମୁହଁ ସବୁ
ଫେରିଯାଆନ୍ତି ନିଜ ନିଜ ବାଟରେ
ପିନ୍ଧେଇ ଦେଇ ମୋ’ ଗଳାରେ
ଗୋଟେ ଭର୍ତ୍ସନାର ଫୁଲମାଳ,
ଯେଉଁଠି ମୁଁ ପ୍ରତିମୂର୍ତ୍ତିଟେ ହୋଇ
ଠିଆ ହୋଇଥାଏ
ପରିତ୍ୟକ୍ତ ରାସ୍ତାକଡ଼ରେ ।।

ସମୁଦ୍ର

ବହୁ ଚେଷ୍ଟା ପରେ ବି
ମୁଁ ଧରି ପାରେନାହିଁ
ସମୁଦ୍ର କୂଳରୁ
ଗୋଟିଏ ବି ବାଲି କଂକଡ଼ା
ଏ ମାମୁଲି ହାତରେ।
ହାରିଯିବା କ'ଣ
ଜାଣିବା ପରେ ବି,
ଅହଂକାରର ବିଜୟପଣକୁ
ଫିଙ୍ଗି ପାରିଲି ନାହିଁ
ଯେଉଁ ସମୁଦ୍ର ଗର୍ଭକୁ
ସେଇ ସମୁଦ୍ରକୂଳରୁ ଫେରିଲି
ଅଥଚ ଫେରିପାରିଲି ନାହିଁ।

ତୁମେ ବିଶ୍ୱାସ କରି ନପାର
ବହୁଥର ରାତିଅଧରେ
ସମୁଦ୍ର ମାଡ଼ି ଆସେ
ମୋ ପାଖକୁ,
ଓଦା କରିଦିଏ ମୋ ଦେହ
ମୋ ମନ ମୋ ଆତ୍ମା,
ଆଉ ମୁଁ ନିଜକୁ
ଖୋଜି ପାଇଲା ବେଳକୁ

ମୋ ହାତ ପାପୁଲିରେ
ପୋଛି ହୋଇଯାଏ
ଦୁଇଧାର ଲୁହ।

ସମୁଦ୍ର କ'ଣ
ଏତେ ଲୁହରେ ତିଆରି
ସମୁଦ୍ର କ'ଣ ସହିପାରେ ନାହିଁ
ଆକାଶର ଏତେ ହସ,
ସମୁଦ୍ର କ'ଣ ଗୋଟେ ଶୂନ୍ୟ ଆଲିଙ୍ଗନ ?
ମୁଁ ବୁଝେ, ପୁଣି ବୁଝିପାରେ ନାହିଁ।
ସତ କଥା, ମୁଁ ଯେତେବେଳେ
ସମୁଦ୍ରକୁ ପଢ଼ାଏ କବିତାରେ
ମୁଁ ପାଲଟିଯାଏ ସମୁଦ୍ର।
ଆଉ ପଚାରିଦିଏ, ଆରେ ପିଲେ
କିଏ ସମୁଦ୍ର ଦେଖିଛ ?
କିଛି ପିଲା ହାତ ଟେକନ୍ତି
ଆଉ କିଛି ନାହିଁ।।

ଫେରି ଆସିଲି

ସେଦିନ
ଅଭିମାନ କରି
ଫେରି ଆସିଲି ସମୁଦ୍ର ପାଖରୁ,
ଯିଏ ମୋ ଦୁଇଟୋପା ଲୁହକୁ ବି
ଫେରେଇ ଦେଲା ହସି ହସି ।

ଦୁଃଖରେ ଫେରିଆସିଲି
ସେ ଶବ୍ଦମାନଙ୍କ ଗହଣରୁ
ଯେଉଁମାନେ ଗୋଟେ କବିତା ପାଇଁ
ଧରିଲେ ନାହିଁ ମୋର ହାତ ।
ମୁଁ କେତେ ଥର
ଫେରି ନ ଆସିଛି
ଅମାନିଆ ପବନ ପାଖରୁ,
ଯିଏ ଉଡ଼େଇ ନେଇଛି
କେତେ କେତେ ମୋ ଆଶାର ଗୁଡ଼ି,
ନୀରବ ଆକାଶ ପାଖରୁ
ଯିଏ ହଜେଇ ଦେଇଛି
କେତେ ସ୍ୱପ୍ନର ଜହ୍ନରାତି ।
ଆଉ ସେ ନିର୍ବାକ୍ ପାହାଡ଼ କୋଳରୁ
ଯାହା ଉପରେ ଚଢ଼ିବାକୁ ଯାଇ
ମୁଁ ତଳକୁ ଖସି ଆସିଛି ବହୁବାର ।

ସତେ ଯେମିତି
ସବୁ ପାଖରୁ ଫେରିଆସିବା ମୋ ଭାଗ୍ୟ।
ଖରାଦିନ ଶୋଷ ବେଳେ
ନଈକୂଳରୁ,
ବର୍ଷା ଦିନେ ହାତ ପାଉନଥିବା
କଦମ୍ବଫୁଲ ପାଖରୁ,
ଶୀତ ସକାଳର
ଚକ୍ ଚକ୍ ସୂର୍ଯ୍ୟର ଛୁଆଁରୁ।

ଭାବୁଛି, ଏଥର କାହାକୁ
କିଛି ନକହି ଫେରିଯିବି
ଗୋଟେ ଏମିତି ବାଟରେ ଯେ,
ଯିଏ ଖୋଜୁଥିବ
ସେ ପାଉନଥିବ ମୋତେ,
ଅଥଚ, ମୋତେ ଲୋଡୁନଥିବା
ମଣିଷ ପାଖରେ
ମୁଁ ଧରା ପଡ଼ିଯାଉଥିବି ବାରମ୍ବାର।।

ପ୍ରତୀକ୍ଷା

ତମେ ଦିନେ ଦେଖିବ
ବରଗଛ ଓହଳ ସବୁ
ଧିରେ ଧିରେ ଛୁଇଁଯିବେ ମାଟି
ଥୁଣ୍ଟା ଗଛଟାରେ
ଝୁହୁଁ ଝୁହୁଁ ଭରିଯିବ
ପତ୍ର ଫୁଲ ଓ ଫଳ ।

ମୁହଁ ଫେରେଇ ଯାଇଥିବା
ଆଶା ଓ ସଂଭାବନାର
ସୁନାପକ୍ଷୀ ସବୁ
ଗଛ ଆଡ଼କୁ ମୁହଁ କରି
ଓହ୍ଲାଇ ଆସିବେ ନୀଳ ଆକାଶରୁ ।

ତମେ ଦେଖିବ
ଦିନେ ଫଟାମାଟିର ଆଁ ଭିତରେ
ବର୍ଷିଯିବ ଅସରା ଅସରା ବର୍ଷା
କିଆରି କିଆରି
ଧାନଫୁଲର ବାସ୍ନାରେ
ମହକି ଯିବ ଏ ମାଟି ।

ରାତି ଆକାଶର ତାରା ସବୁ
ମଲ୍ଲୀଫୁଲ ହୋଇ ଫୁଟିଯିବେ
ବିପର୍ଯ୍ୟସ୍ତ ସମୟର ମଝି ଅଗଣାରେ ।

ତମେ ଦେଖିବ
ଅପରିଚିତ ସୁଖ ସବୁ
ଧାଡ଼ି ହୋଇ ବସିଯିବେ
ତମ ଦାଣ୍ଡ ପିଣ୍ଡାରେ,
ଅସରନ୍ତି ବିଶ୍ୱାସରେ
କ୍ରମଶଃ ଭରିଯିବ
ସବୁ କୋମଳ ହୃଦୟ ।
ଯନ୍ତ୍ରଣାର ନଈକୂଳରେ
କେହି ଜଣେ ଗାଉଥିବ
ଜୀବନର ମଧୁର ସଂଗୀତ ।

ଖାଲି ଏତିକି ନୁହେଁ
ଟିକେ ଅପେକ୍ଷା କର
ତୁମେ ଦେଖିବ,
ଗୋଟେ ସୁନେଲି ସକାଳର
ତୀକ୍ଷ୍ଣ ଛୁରୀରେ
କେମିତି ଖଣ୍ଡ ଖଣ୍ଡ ହୋଇ କଟିଯିବ
ପରସ୍ତ ପରସ୍ତ ନିଷ୍ଠୁର ଅଂଧାର ।।

ଅବୁଝା ପକ୍ଷୀର ଗୀତ

ସବୁଥର ପରି
ପକ୍ଷୀ ସବୁ ଆସୁଥିଲେ
ପୂର୍ବ ଆକାଶରୁ
ବସୁଥିଲେ ପୁରୁଣା ସେ ପରିଚିତ
ଗଛର ଡାଳରେ
ଗାଉଥିଲେ କେତେ ଗୀତ
ପ୍ରାର୍ଥନା ସ୍ୱରରେ
ନିର୍ବୋଧ ମୁଁ କେମିତି ପାରେନି ବୁଝି
ଗଛପତ୍ର କାନ୍ଦୁଥିଲେ
ସାଥି ହୋଇ ସେମାନଙ୍କ ସହ
ଅପୂର୍ବ ସେ ଶୋକସଂଗୀତରେ ।

ପକ୍ଷୀ ସବୁ ଉଡୁଥିଲେ
ଡାଳରୁ ଡାଳକୁ
ଖାଉଥିଲେ ନିଷିଦ୍ଧ ସେ ଫଳ,
କିଏ କେବେ ଦିଶୁଥିଲେ ଓ ଦିଶୁ ନ ଥିଲେ
କହୁଥିଲେ ଯାଉଛୁ ଯାଉଛୁ ଆମେ
ଆଉ ଏକ ନୂଆ ରାଇଜକୁ
ଯଦିବା ଆସିନି ସଂଜ
ଆସିଗଲା ଫେରିବାର ବେଳ ।

ବାକି ସବୁ ପକ୍ଷୀ ଯେବେ
ହଜି ହଜି ଯାଉଥିଲେ
ପଶ୍ଚିମ ଆକାଶେ,
ଲାଗୁଥିଲା କେହି ଜଣେ
ଗାଉଛି କି ମନବୋଧ ଚଉତିଶା
ମାଟିଘର ମଝି ଅଗଣାରେ,
ଧିରେ ଧିରେ ସଂଜବତୀ
ବେଶୀ ବେଶୀ ଜଳୁଥିଲା
ଚଉରା ମୂଳରେ
ଅନ୍ଧାର ବି ଡାକୁଥିଲା
ଆସ ପକ୍ଷୀ ପରି ସତ ସତ ହଜିଯିବା
କିବା ଲାଭ ଏ ଜୀବନ
ମିଛ ହସ ସତର ଲୁହରେ ।।

ବ୍ଲାକ୍ ଇଗଲ୍ ବୁକ୍ସ ପ୍ରଥମ ବହି ପୁରସ୍କାର

ଭାରତୀୟ ସାହିତ୍ୟକୁ ଆମେରିକା ତଥା ବିଶ୍ୱସ୍ତରରେ ପ୍ରସାର କରିବା ନିମନ୍ତେ ଅପ୍ରେଲ ୨୦୧୯ରେ 'ବ୍ଲାକ୍ ଇଗଲ୍ ବୁକ୍ସ'କୁ ଏକ ନନ୍ ପ୍ରଫିଟ୍ ସଂସ୍ଥା ଭାବରେ ଆମେରିକାର ଓ୍ୱାହିଓ ରାଜ୍ୟ ସରକାରଙ୍କ କାର୍ଯ୍ୟାଳୟରେ ପଞ୍ଜୀକରଣ କରାଯାଇଥିଲା। ଏହାର ଦୁଇଟି ବିଶେଷ ଲକ୍ଷ୍ୟ ହେଲା ଯେ ଭଲ ବହି ସବୁ ପୃଥିବୀର ସମସ୍ତ କୋଣରେ ପାଠକଙ୍କ ନିକଟରେ ପହଞ୍ଚିପାରିବା ଓ ବହି କେବେ ବି ଅପ୍ରାପ୍ୟ ନହେବା। ବିଗତ ଷୋହଳ ମାସରେ 'ବ୍ଲାକ୍ ଇଗଲ୍ ବୁକ୍ସ' ବିଭିନ୍ନ ଭାଷାରେ ଛୟାଅଶୀଟି ବହି ପ୍ରକାଶ କରିଛି। ଏହାର ଅନେକ ବହି ଆମାଜନ୍‌ରେ 'ବେଷ୍ଟ୍ ସେଲର୍' ହୋଇପାରିଛି। ଏହି ପରିପ୍ରେକ୍ଷୀରେ ବହି ପ୍ରକାଶନ ପାଇଁ ସୁବିଧା ପାଉ ନ ଥିବା ଲେଖକମାନଙ୍କୁ ପ୍ରୋତ୍ସାହିତ କରିବା ପାଇଁ 'ବ୍ଲାକ୍ ଇଗଲ୍ ବୁକ୍ସ' ପ୍ରଥମ ବହି ପୁରସ୍କାର ୨୦୧୯ରୁ ଆରମ୍ଭ କରାଯାଇଛି।

୨୦୨୦ ବର୍ଷ ପାଇଁ ଏହି ପୁରସ୍କାର ପାଇଛନ୍ତି କୋରାପୁଟରେ ରହୁଥିବା ଅଧ୍ୟାପକ ଓ କବି ଶ୍ରୀ ରବି ଶତପଥୀ। 'ବ୍ଲାକ୍ ଇଗଲ୍ ବୁକ୍ସ' ଓ ଏହାର ପାଠକମାନଙ୍କ ତରଫରୁ ଶ୍ରୀ ଶତପଥୀଙ୍କୁ ଅଭିନନ୍ଦନ ଓ ଶୁଭେଚ୍ଛା। ତାଙ୍କର ସୃଜନୀ ପାଠକୀୟ ଶ୍ରଦ୍ଧା ଲାଭକରୁ, ଏହାହିଁ କାମନା।

ସତ୍ୟ ପଟ୍ଟନାୟକ

ବ୍ଲାକ୍ ଇଗଲ୍ ବୁକ୍ସ

www.ingramcontent.com/pod-product-compliance
Lightning Source LLC
Chambersburg PA
CBHW031121080526
44587CB00011B/1068